Paulo Cesar Sandler

Clássicos do Brasil

DKW

São Paulo

EDITORA ALAÚDE

O texto deste livro foi fixado conforme o acordo ortográfico vigente no Brasil desde 1º de janeiro de 2009.

PRODUÇÃO EDITORIAL:
Editora Alaúde

REVISÃO:
Denis Araki

CONSULTORIA TÉCNICA:
Bob Sharp

IMPRESSÃO E ACABAMENTO:
Ipsis Gráfica e Editora S/A

1º edição, 2011

Dados Internacionais de Catalogação na Publicação (CIP)
(Câmara Brasileira do Livro, SP, Brasil)

Sandler, Paulo Cesar
DKW / Paulo Cesar Sandler. -- São Paulo : Alaúde Editorial, 2011.

Bibliografia
ISBN: 978-85-7881-105-1

1. Automobilismo 2. DKW (Automóvel) I. Simone, Rogério de. II. Título.

11-12165 CDD-629.22209

Índices para catálogo sistemático:
1. Automóveis DKW : História 629.22209
2. DKW : Automóveis : História 629.22209

2011
Alaúde Editorial Ltda.
Rua Hildebrando Thomaz de Carvalho, 60
04012-120, São Paulo, SP
Tel.: (11) 5572-9474 e 5579-6757
www.alaude.com.br

SUMÁRIO

IA-34

CAPÍTULO 1

A ORIGEM

A VAPOR E MOTOCICLETA

O "pai" do DKW foi Jörgen Skafte Rasmussen, um engenheiro nascido na Dinamarca em 1886, radicado na Alemanha em 1904. Muitos nórdicos da época faziam o mesmo, pois o país era o centro tecnológico mundial, especialmente em mecânica de precisão e metalurgia. Já na Alemanha, mudou a grafia de seu nome para o alemão Jürgen e abriu sua primeira empresa, na qual fabricava peças e equipamentos para máquinas a vapor industriais e domésticas.

Em 1906, adquiriu as instalações de uma antiga indústria têxtil e, junto com seu sócio, W. Ernst, começou a produzir autopeças. Por ocasião da Primeira Guerra Mundial, o produto da fábrica mudou para cápsulas e detonadores de granadas, rendendo-lhes não só a sobrevivência como também o franco crescimento.

Em 1916, Rasmussen viajou a Copenhague e entrou em contato com o também engenheiro dinamarquês T. Matthiessen, que era uma das maiores autoridades

Carro a vapor DKW de 1917.

em motores a vapor de sua época. Esses equipamentos funcionavam com caldeiras de pressão para produzir água quente, usando a tecnologia que havia sido extensivamente desenvolvida durante os 150 anos anteriores para as locomotivas. O modo de funcionamento e sua produção, no que se referia a ferramental, eram, até certo ponto, simples. Outra grande vantagem era a limpeza, velocidade e eficiência superior de seu motor se comparado aos movidos a gasolina na época, sendo natural sua aplicação em veículos mais leves. Apesar de todas as qualidades, o motor a vapor acabou não vingando, pois era muito pesado e de baixa eficiência volumétrica.

O primeiro carro a vapor feito por Rasmussen e Matthiessen foi nomeado de Dampf Kraft Wagen, literalmente "carro de energia a vapor". A marca DKW, letras das iniciais da descrição dos carros, também foi registrada por Rasmussen, que se interessava em fabricar motores movidos a vapor por causa da guerra e de suas consequências: a crise econômica e a escassez de petróleo. A produção dos DKWs a vapor, apesar de tudo, acabou encerrada devido ao seu alto custo.

Após a perda da guerra, a Alemanha passou a enfrentar uma gravíssima crise econômica. A situação do momento exigia a invenção e a produção de um produto automobilístico com mecânica mais simples e menos custosa, devido à pobreza do mercado automobilístico de

Das Kleine Wunder, o primeiro motor DKW.

1918. A resposta veio sob a forma do motor de dois tempos, quando Rasmussen conheceu a invenção do renomado engenheiro Hugo Ruppe, um pequeno motor de 18 cm^3 que desenvolvia ¼ cv e era capaz de impulsionar apenas brinquedos infantis muito cobiçados e modelos em escala.

Fortemente inspirado nessa invenção de Ruppe, Rasmussen fabricou um motor de apenas 25 cm^3 e o batizou, entusiasmado, de Das Kleine Wunder (a pequena maravilha, em alemão), entrando firme na fabricação de brinquedos para crianças. Coincidência ou não, suas iniciais eram as mesmas do Dampf Kraft Wagen.

A bicicleta motorizada DKW.

Em 1919, Rasmussen acabou criando a motocicleta ao fazer um motor maior, de 125 cm^3, montado no bagageiro de uma bicicleta com sistema de tração por corrente. O engenheiro também organizou, em Berlim, uma firma para vender seus motores miniaturas, a Kleinenmotorenvertriebs-GmbH, divulgando também a utilidade da motocicleta, que possibilitava subir rampas e montanhas.

Neste período, os cyclecars, pequenos automóveis com carroceria rudimentar de três ou quatro rodas de motocicleta, eram muito presentes em países como França, Inglaterra e até Estados Unidos. Rasmussen montava seu motor de combustão interna mais potente exatamente sobre um carrinho com dois lugares, um atrás do outro, com rodas de bicicleta, duas marchas, pequenos faróis e buzina. O filho mais novo de Rasmussen, Arne, ganhou fama local pilotando o veículo nas montanhas adjacentes à fábrica, mas o carro era pouco potente e não atraiu muitos compradores.

Uma fábrica chamada Slaby-Beringer, localizada em Berlim, também foi razoavelmente bem-sucedida no desenvolvimento de seus próprios cyclecars de apenas um lugar: os SB-Elektrowagen. A inflação de cinco dígitos infelizmente fez com que o modelo não ganhasse o mercado, mas Rasmussen teve a oportunidade de conhecê-lo em uma de suas frequentes viagens à capital da Alemanha. Maravilhado, imediatamente encomendou cem exemplares e tornou-se sócio da empresa, que tinha excelentes instalações. Com isso, conseguiu espaço para fabricar motores DKW e motocicletas e manter o rítmo de quase mil unidades por dia, mesmo durante a crise. Outro êxito foi a obtenção de um contrato de exportação de cinquenta unidades para o Japão.

Em busca de desenvolvimentos para a motocileta, Ernst Eichler iniciou em 1921 o desenho da *sessel-motorräd* ("motocicleta-poltrona", em portugês), invento equipado com motor DKW e, segundo o nome de Golem, permitiria que o motoqueiro viajasse sentado. Eichler vendeu-a durante um ano, mas a falta de capital para crescimento fez com que ele vendesse o desenho para a DKW.

O empobrecimento da Alemanha obrigou Rasmussen a baratear suas motocicletas, que eram muito resistentes e acabaram vendendo bem. Também foi produzida uma bela motocicleta chamada Reischfärt ("Viagem pelo império"), de enormes tubos de escapamento, com tanque de gasolina montado no quadro, assim como o motor de 142 cm^3 que desenvolvia 1,5 cv.

O motor cresceu para 175 centímetros cúbicos e passou a desenvolver 2,5 cv, equipando o modelo seguinte, chamado SM. Nesse momento, as motos DKW alcançaram sua maioridade e transformaram a empresa na maior fábrica de motos desde os anos 1920, e assim permaneceria por mais dez anos.

O ano de 1921 também revelou uma das figuras mais importantes na história da DKW: o sagaz vendedor Carl Hahn, que aplicou para a indústria o novo esquema de "vendas a prazo", baseado na confiança. Rasmussen acreditava que a horizontalização da companhia podia salvá-lo da falência generalizada na Alemanha e comprou uma fundição, a Erla Eisen Gieberei (Fundição de Ferro Erla), e a Eisen und Flugzeugwerke Erla (Fábrica de Aviões e Ferro Erla).

Em 1927, a DKW havia notado que o automóvel era a coqueluche do momento. Essa época marcou a introdução de réplicas de carros grandes construídas com materiais inferiores, os chamados carros populares. Tanto a DKW como a BMW se direcionaram para produzir esses carros. Para resolver os problemas com espaço industrial, Rasmussen alugou as instalações da Audi, que vendia pouco por causa da crise, e, como as motos estavam vendendo muito bem, comprou a maioria das ações da Audi com ajuda de financiamento estatal em 1926.

Em 1927, Rasmussen viajou aos Estados Unidos e comprou os direitos dos desenhos de dois motores americanos de válvulas laterais: um V-8 e outro de seis cilindros. Adquiriu ainda a fábrica de automóveis Moll, que possibilitou uma expansão ainda maior, chegando à marca de 1 milhão de motores de dois

Fabricação de DKWs nas instalações da Audi.

Os triciclos Framo.

tempos, nas cilindradas de 200, 250, 300 e 500 cm^3.

Entretanto, parte desses planos só dava prejuízo, que nem as vendas de motos compensavam, em virtude da inflação de 50.000 por cento. Apesar disso, a DKW tinha dinheiro para compras e para manter a produção e os empregos. Em 1926, produziu cerca de 375 motocicletas e 500 motores por dia de trabalho. Em 1927, 27.000 motos foram produzidas e vendidas; em 1928, 43.000, e, em 1929, 60.000.

A situação econômica ainda era muito difícil apesar das melhoras, que eram dificultadas pelas reparações de guerra que culminaram na privação do fornecimento de metal. Consequentemente, milhares de funcionários ficaram sem emprego. A proposta de Rasmussen para solucionar esse problema foi tentar usar seus motores elétricos com a mesma carroceria de madeira em estrutura monobloco do SB, relançando assim o DEW (Das Elektric Wagen). O carro tinha uso urbano, principalmente como táxi, e era mais leve do que os competidores, além de limpo e rápido. O único problema que apresentava era a bateria, que impossibilitava percorrer distâncias maiores do que 30 km e iria requerer um capital a fundo perdido para que fosse suficientemente desenvolvida.

Rasmussen montou mais uma subsidiária em Zwickau, a Frankenberger Motoren Werke (Fábrica de Motores Frankenberger), cujo nome comercial é "Framo", especificamente para construir componentes para as motos DKW e triciclos Framo. Esses triciclos, com motor dianteiro e enorme capacidade de carga, se tornaram importante fonte de renda para a DKW em 1928 pois serviam para pequenos negociantes, tanto rurais como urbanos.

Com a resolução de Rasmussen de abandonar fontes de energia e motores alternativos, o pequeno SB passou a ser equipado com um motor de 584 cm^3, o Zweizylinder Zweitakt Motor, ou seja, o "motor bicilíndrico de dois tempos" das motocicletas. O equipamento rendia 15 cv e impulsionava as rodas de trás por eixo cardã, com embreagem de monodisco seco.

DO P-15 AO INCERTO

Em 1929, surgiu o P-15, inicialmente um roadster, com a qualidade de ser o primeiro esportivo de baixo preço no mundo, chegando a 80 km/h. Além do esportivo, eram oferecidos um furgãozinho e conversíveis de dois, três e quatro lugares, todos leves, ágeis, baratos e dirigidos para o mercado popular. Foi a primeira vez que alguém aplicou o motor de dois tempos em automóveis no mundo inteiro.

DKW P-15, o primeiro automóvel que não era um ciclomotor.

No mesmo ano, o DKW mostrou a que veio e revelou-se um endiabrado carro de corridas. Ganhou fama mundial: os pilotos Klein, Zündorf e Geiss venceram nada mais nada menos do que a Targa Florio, com os DKWs de 584 cm^3.

Apesar do crescimento nas vendas de motos, a economia se deteriorou entre 1930 e 1932, obrigando Rasmussen a agir rápido na administração de seus negócios. As medidas adotadas resultaram na aquisição de mais uma fábrica de motocicletas.

Em 1930, um DKW de 800 cm^3 e quatro cilindros, que rendia 22 cv, foi acrescido à linha, enquanto o espor-

Apresentação do F-1 no Salão do Automóvel de Berlim.

tivo de 584 cm^3 já atingia 100 km/h. Rasmussen também estudava sobre os avanços tecnológicos e descobriu um mecanismo alimentador de combustível para aumentar a eficiência e diminuir o consumo dos motores de dois tempos que já havia sido patenteado. Após negociações complexas com as partes envolvidas e um longo litígio sobre os valores a serem pagos, a situação acabou de modo desfavorável para Rasmussen, com uma dívida de 3 milhões de marcos. Por conta disso, o Banco Estadual da Saxônia fez com que fosse nomeado um interventor, Richard Brühn, para reorganizar as atividades da empresa a fim de evitar maiores problemas.

Em 1931, foi lançado o F-1, modelo fundamental para a DKW por introduzir a "fórmula DKW": dois tempos e tração dianteira (indicada pela abreviação F, de front). O modelo teve mais compradores do que os de tração traseira. O motor era montado de modo transverso e deslocava 490 cm^3, mas logo ganhou a opção de 584 cm^3. O misto de tração dianteira e pequeno tamanho do motor proporcionava aos DKWs um incrível espaço interno.

O chassi tinha viga central e reforços transversais, com suspensão independente de feixes de molas e carroceria de madeira compensada em vez de aço, revestida de um tecido chamado de linóleo. O preço do modelo era 50 por cento menor do que o do modelo de 1930. Logo foram lançados mais dois modelos: um conversível, também de madeira, e um sedã de aço. Esse desenho impressionou tanto Ferdinand Porsche que o inspirou na projeção de seu próprio modelo popular.

No mesmo ano, foram lançados modelos com motor de um litro chamados de V4 Sonderklasse (Categoria Especial) e Schweberklasse (Categoria Marcha Suave), equipados com feixes de molas transversais sobre o eixo traseiro. No motor V4, dois dos pistões eram motrizes e os outros dois agiam como válvulas de pressão, tanto de gasolina como de óleo. Ambos tinham partida elétrica, chamada de Dynastart. Ambos os modelos também tinham como grande novidade o monobloco para o chassi e a carroceria.

Outro lançamento de destaque em 1931 foi o P-25, também chamado de 4=8 (quatro cilindros em um motor de dois tempos equivaleria a um motor de oito cilindros de quatro tempos). Tinha 22 cv, 780 cm^3 e quatro cilindros em V, com duas bombas de gasolina. Um novo aprofundamento da crise político-econômica, associado às vendas baixas de quase todas as marcas mantidas pela DKW, inclusive motos, tornou a empresa inviável.

AUTO UNION AO FUTURO

Em 1932, a crise generalizada das indústrias automobilísticas fez com que Richard Brühn decidisse agrupar todas as indústrias de automóvel da região sob o nome de Auto Union: a Horch, a Wanderer e a Audi e a DKW de Rasmussen. Foi então criado um símbolo que perdura até hoje, com quatro anéis entrelaçados. Esse grupo automobilístico intencionava oferecer produtos que abrangessem todo o espectro do mercado.

À diretoria da fábrica, formada por Brühn, como diretor comercial e financeiro, e Rassmusen, como diretor técnico, se agregou o jovem Klaus Detlef Freiherr von Oertzen, vindo da Wanderer, como diretor geral para os programas de motores de quatro tempos. O diretor geral de vendas para o programa de motores de dois tempos Carl Hahn e o até então diretor da Horch William Werner respondiam aos três.

O Meisterklasse 1934.

Em 1933, a política e a economia alemãs sofreram uma grande guinada com a chegada do chanceler Adolf Hitler, que tinha o automóvel e uma rede de autoestradas como alicerces de seu governo. Essas bases eram reforçadas pela abolição de impostos sobre veículos, pela subvenção do carro popular (*Volksauto*) e pelo apoio financeiro para as corridas automobilísticas.

Em meio ao conturbado ambiente político, a DKW lançou o Reichklasse, que a Auto Union desejava que fosse escolhido como "carro popular oficial" do regime nazista, para que recebesse a subvenção prometida no salão do automóvel. No final, Hitler elegeu Ferdinand Porsche como desenhista oficial do regime.

Em 1934, a nova realidade alemã era vantajosa para os DKWs, que representavam cerca de 15 por cento da produção de automóveis de passeio na Alemanha. Tudo começou a mudar quando Rasmussen foi sumariamente demitido devido ao fato de não ter se naturalizado alemão. Seu país de origem, a Dinamarca, também não colaborava com a nova ordem e protegia os judeus. Rasmussen e seus filhos ficaram na Alemanha até 1938, trabalhando na Framo, que manufaturava tanto componentes para a DKW como os triciclos Framo comerciais com motores DKW. Em 1948, voltou para sua terra natal, onde faleceu em 1964, aos 78 anos.

Apesar de tudo, o frutífero vínculo da Auto Union com Ferdinand Porsche fez com que o DKW ganhasse alcance mundial. Além disso, o engenheiro havia desenvolvido desde 1930 o revolucionário projeto número 22, tão detalhado que especificava os tipos de parafusos a serem utilizados. O projeto acabou se chamando P1, com a letra P em homenagem a Porsche, e se tornou um fantástico carro de dezesseis cilindros, suspensão por barras de torção, semieixos oscilantes, motor traseiro e versões com supercompressor que desenvolviam mais de 600 cv e velocidade máxima superior a 280 km/h. As quatro versões existentes – Tipos A, B, C e D – foram desenvolvidas em 1934, 1936 e 1938, ano em que Porsche já havia saído do programa.

As excelentes relações de Porsche com a Auto Union e a sua amizade com o barão Von Oertzen, que, por sua vez, era muito bem relacionado com um dos membros mais importantes do governo

Competição automobilística com Mercedes e Auto Unions.

Meisterklasse F7, 700 cm^3, de 1937-1938.

nazista, Rudolf Hess, o ajudou a conseguir suporte financeiro do governo. O auxílio foi obtido através de uma entrevista que Von Oertzen conseguiu com Hitler, o que tornou possível a produção do P1 na fábrica mais bem aparelhada da Auto Union, a Horch. Desse modo, o veículo se tornou uma opção ao Mercedes nas pistas.

Em 1935, foi lançado o modelo DKW Meisterklasse (algo como "categoria do Mestre"), equipado com motor de 692 cm^3 e produzido até 1942, junto com o Reichklasse de 584 cm^3. Nesse ano, Karl Feuereisen também passou a ocupar no setor de competições da Auto Union a função de diretor geral de vendas do pós-guerra. O barão Klaus Detlev von Oertzen, que ocupava a direção da empresa, resolveu se retirar de sua posição.

Em 1936, o DKW número 100.000 saiu das linhas de produção e a grande sensação do ano era um novo Schweberklasse, fortemente inspirado no Chrysler Airflow, com carroceria aerodinâmica. O modelo era o ancestral mais próximo dos DKWs que viriam para o Brasil vinte anos depois. Neste ano, as motos DKWs obtiveram nada menos do que 38 vitórias. Os ganhos também se estendiam ao aspecto econômico e à produtividade, com a produção de 48.900 carros e 42.100 motos pelos 20.400 empregados.

Embaixo, à esquerda: o DKW Schweberklasse 1934-1935 de 30 cv, o precursor do modelo brasileiro. No alto, à direita: DKW Schwebeklasse 1935. Embaixo, à direita: em 1934, estes DKW Schweberklasse fizeram o "tour" de 2000 km pela Alemanha.

Largada da competição em Mônaco, em 1937.

Em 1937, um levantamento dos números da Auto Union entre 1932 e 1937 mostravam o sucesso impressionante que a empresa estava alcançando: as vendas de automóveis pularam de menos de 7.000 carros para mais de 61.000, sem contar com a exportação de mais de 21.000 carros, e a DKW se tornou novamente a maior fábrica de motocicletas do mundo, com um aumento de 10.000 para quase 55.000 motos vendidas. A obtenção de dezenove recordes em sua classe nas pistas e a consequente fama trazida com essas conquistas foram as grandes responsáveis por esses números fantásticos.

As vitórias constantes pelos autódromos mundo afora agradaram tanto a Hitler, que via a situação como reflexo da supremacia técnica da Alemanha sobre o mundo, quanto à Auto Union, que teve um exponencial aumento em suas vendas. No entanto, ainda faltava à Alemanha conquistar um dos títulos mais importantes: o recorde de velocidade, que se encontrava nas mãos dos ingleses.

Segundo modelo aerodinâmico Auto Union de recorde, construído na Horch.

Tentativas para bater o recorde de velocidade foram feitas pela Mercedes e pela Auto Union, ambas usando carros excepcionalmente aerodinâmicos desenvolvidos por Porsche, com rendimento do motor de 560 cv. Testes em túnel de vento indicaram que os modelos, teoricamente, podiam alcançar 550 km/h, o suficiente para derrubar os ingleses, mas em trechos da famosa Autobahn de Frankfurt foram atingidas velocidades um pouco maiores que 430 km/h.

Apesar dos avisos de Porsche sobre não tentar superar essas velocidades caso houvesse muito vento, uma ordem superior foi o suficiente para fazer com que Rosemeyer decidisse tentar. Como consequência, um vento lateral arrançou a carroceria aerodinâmica do chassi do carro, espalhando pedaços do carro por 300 m e arremessando pedaços do motor por cima da cabeça da equipe de cronometragem. O acidente atirou Rosemeyer para longe contra uma árvore, matando-o.

F-7 1938, com frisos no porta-malas muito conhecidos no Brasil em 1958.

Porsche se afastou das corridas e se ocupou integralmente em instalar a linha de montagem do Volkswagen, tendo sua posição como projetista ocupada pelo jovem colaborador Eberan von Eberhorst, que desenvolveu um modelo mais estável, de doze cilindros e 485 cv, que venceu muitas corridas. Nessa época, os carros alemães de corrida — Auto Union e Mercedes — recebiam o apelido de Flechas de Prata. Com a saída de Porsche, aliada à maior subvenção da Mercedes e à limitação da cilindrada pelas regras das corridas europeias, a Auto Union perdia seu reinado. Mesmo assim, em 1938, a DKW fabricou 44.000 motos, cerca de 30 por cento do mercado, e fabricou mais 52.000 carros, conquistando nada menos do que 23,4 por cento do mercado.

Graças à polítitica da guerra e às conquistas bem-sucedidas, o mercado prosperou, rendendo à DKW a satisfatória produção de 100.000 carros velozes, resistentes, espaçosos e econômicos com tração dianteira, que se mantiveram com sucesso no mercado. O DKW Sonderklasse, ou Classe Especial, recebeu a mecânica e a carroceria do Wanderer W 24.

Apesar de Hitler ter proibido concorrentes para o Volkswagen, a Auto Union preparou um protótipo do novo Meisterklasse: o F-9, inspirado especialmente na dianteira do Volkswagen, com carroceria de aço aerodinâmica de linhas arredondadas. Outra inspiração do F-9 veio do Horch 930S, seu coirmão de luxo dentro da Auto Union, que contribuiu com a coluna dianteira, com o para-lama integrado na frente e acoplado atrás. A modernidade superior das linhas do modelo era visível na suavidade trazida pela incorporação dos para-lamas dianteiros à frente do carro e na redução dos para-lamas traseiros para um terço do tamanho normal, além de sua acoplação à carroceria apenas na lateral.

O motor de 692 cm³ e dois cilindros não tinha estribos e vinha apoiado sobre coxins de borracha, com um retrocesso ao vir agora montado longitudinalmente. Equipado com vidros dianteiros divididos e duas portas, não chegou a ser posto em produção devido ao fracasso da invasão da Rússia, somado aos crescentes bombardeios nas cidades alemãs.

Um número significativo de DKWs, colocados a serviço da intendência e retaguarda do exército alemão, marcou presença nos países invadidos. A maioria desses DKWs ficou retida como troféu militar após o término da guerra. Com a resistência dos países adversários, todo o esforço do país se voltou para a guerra e a Auto Union passou a produzir munição, motores de

À esquerda: o Horch 930S, modelo que influenciou o DKW brasileiro. À direita: dianteira do F-9.

O logotipo da IFA.

tanques Panzer, capacetes e outros instrumentos bélicos. A única produção civil mantida a todo vapor era a de motocicletas DKW, com as pequenas RT 125, a NZ 350 e as grandes da série KL, que vinham com motores de até 1.100 cm^3.

Com o início dos bombardeios aliados em 1943, as fábricas alemãs foram destruídas em menos de dois anos. O prédio da Auto Union acabou transformado pelos soviéticos em um hospital, e o que restou das fábricas alemãs foi imediatamente desmontado e enviado, assim como muitos técnicos, à União Soviética como indenização de guerra. Os bens da Auto Union foram todos nacionalizados pelos soviéticos.

A tradicional industriosidade germânica renasceu rapidamente na Alemanha Oriental, onde bens como motocicletas e automóveis foram ressurgindo. No caso da DKW, todo o maquinário e o ferramental usados para produzir o F-8 foram levados para Eisenach. Como o DKW não havia sido o veículo oficial do regime, sua imagem não era diretamente associada à de Hitler, o que lhe dava chances de permanecer no mercado, com parte das 100.000 unidades que restaram após a guerra. Apesar de as fábricas do DKW terem sido isoladas do lado oriental, havia considerável estoque de peças de reposição para o modelo em todo o lado ocidental, devido ao sucesso do carro. Essa significativa quantidade de motores, suspensões e transmissões podiam se transformar em carros completos nas mãos de trabalhadores hábeis com ferramentaria adequada.

Richard Brühn cercou-se de três funcionários qualificados e, com o auxílio do mago de vendas Carl Hahn, planejava ressuscitar a Auto Union. O grupo conseguiu um financiamento do Banco Estadual da Baviera, em Munique, mas as idas e vindas do pós-Guerra causou diversas situações inesperadas e nada de efetivo ocorreu até o início de 1948. Para todos os efeitos, a Auto Union estava morta e surgiu em seu lugar a IFA — Industrievereinigung Fahrzeugbau, que significa, literalmente, "Indústrias Reunidas de Automóveis", que reunia as empresas e os técnicos remanescentes, registrada oficialmente em agosto de 1949. Com a fundação da nova empresa, a produção foi logo reiniciada com o modelo Reichklasse, agora renomeado IFA F-8,

IFA F-9, idêntico ao DKW F-8 aerodinâmico de 1940, de três cilindros.

de 692 cm^3 e carroceria de madeira recoberta por linóleo.

A decisão de uma grande leva de operários da antiga Auto Union de deixar seus lares e começar uma nova vida inicialmente não preocupou o governo oriental, pois tinham a posse da fábrica. Mas após alguns anos, muitos desses migrantes utilizaram sua formação para o desenvolvimente de planos e desenhos para a criação do modelo F-9 em 1949. Outras consequências dessa intensa migração foram: aquisição dos desenhos para a fabricação do motor DKW pela fábrica sueca de aviões SAAB, que ainda em 1947 testou o primeiro protótipo com motor de dois cilindros, 764 cm^3 e 15 cv. Assim surgiu o modelo Philipsson-DKW, DKWs feitos pela empresa sueca sob licença, que acabou tendo curta duração, pois não foi só na Suécia que o SAAB provou ser um concorrente sério para o DKW. Era ainda mais aerodinâmico, rápido, estável e resistente do que o produto alemão.

Richard Brühn conseguiu obter mais crédito do Banco Estadual da Baviera em 1948, além de formar associações com outras montadoras da Europa. A produção da IFA estatizada prosseguiu com o F-8 e o IFA F-9. Durante quase seis anos, Müller trabalhara secretamente e livre da influência soviética em um projeto de seis cilindros, em contato direto com a Central de Peças da Auto Union e colaborando com a SAAB, para quem projetou boa parte da mecânica e toda a motorização do SAAB 92, cuja produção se iniciou em 1949.

No final do ano, uma nova Auto Union GmbH surgiu das cinzas, sem fábrica e sem verbas, com Richard Brühn na função de diretor geral e chefe financeiro e de exportações; Hahn, como

A DKW F-89 L tinha ampla porta traseira e assoalho baixo, que facilitava o carregamento.

Chassi e conjunto motor da F-89 L, veículo de carga e trabalho.

chefe de vendas; Schüler, chefe dos departamentos de administração, jurídico e pessoal; Zerbst, do departamento técnico, com Günther como seu substituto. Em 1949, a equipe preparou e expôs na Feira de Hanôver um utilitário desenhado pelo engenheiro Schwenck, parecido com a Volkswagen Kombi, mas de motor dianteiro, maior e mais veloz. O código interno desse carro era Tipo F-89 L (L era abreviatura de *Lieferwagen*, "veículo de trabalho" em alemão). Definido pela fábrica como "furgão de alta velocidade", seu desempenho era efetivamente melhor do que o da Kombi, que formava, com o furgão Tempo, seus únicos concorrentes válidos.

Com sucesso alcançado e a fama de possuir os melhores engenheiros e administradores do mundo, a DKW reiniciou a fabricação de motocicletas com um novo modelo que causou sensação: a RT 125. Tanto as motos como a van, além de uma linha de peças de reposição para os modelos do pré-guerra, começaram a ser produzidas em Ingolstadt, na Alemanha Ocidental. Também foi feito em pequeníssimas quantidades um modelo de "emergência", o F-10, usando a mecânica do F-8 pré-guerra, só que com carroceria feita de aço em Stuttgart, pela empresa Baur.

Em 1950, a Auto Union estava praticamente tomada com as peruas de uso misto e vans Schnellaster e contratou a

O primeiro anúncio do F-89.

À esquerda: os dois F-89 P: sedã e conversível. À direita: o F-89 P com teto solar.

tradicional empresa de ferramental e carrocerias Karmann para fazer os primeiros protótipos de um novo Meisterklasse, que recebeu uma grade dianteira modernizada, de barras horizontais, e perdeu o "nariz" pendente, rombudo. A grade não era mais basculada, com o capô agora menor, e passou a ser fixada em uma armação elíptica.

Um novo logotipo passou a ser aplicado no capô dianteiro, que conservava o tradicional emblema DKW, um escudo com o losango verde invertido sobre fundo branco, acrescido dos quatro círculos horizontais entrelaçados da Auto Union. Já a tampa do porta-malas recebeu quatro frisos decorativos longitudinais, aplicados sobre ressaltos na chapa e afivelados firmemente sobre a plataforma. O DKW manteve os frisos de deslizamento para dar uma impressão de carro mais luxuoso.

Para diferenciá-lo da perua F-89 L, o modelo recebeu a denominação de DKW Auto Union F-89 P, com o P correspondendo a *Personkraftenwagen*, "carro de passageiros", e o número 8 se referindo à motorização, com dois cilindros de 700 cm^3 e 29 cv DIN. O nome do pré-guerra Meisterklasse já era associado ao motor intermediário que caracterizava esse tipo, mais potente do que os Reichklasse, equipados com o 600, mas menos potentes do que os Schweberklasse. Isso já indicava o interesse da nova Auto Union em se afastar do mercado popular, o que se concretizaria nos anos seguintes.

A Hebmüller também preparou sob encomenda o desenho de um conversível de dois lugares para a Auto Union, com o para-brisa dianteiro mais inclinado, panorâmico e baixo que o do modelo original. Esses DKWs luxuosos tinham desenho com base no Volkswagen: o Hebmüller tinha um acabamento requintadíssimo e a traseira alongada, enquanto o Karmann

Em 1953, a F-89 foi substituída pela F-91, toda em metal.

Perua F-89 Universal, luxuosa e com pintura metálica, que viria para o Brasil.

se parecia mais com o sedã. Entre 1950 e 1952, a Karmann fabricou mais de 5.000 cabriolés de quatro lugares sob o preço de 7.730 marcos, enquanto um Hebmüller saía por 9.100 marcos.

Para dar conta do aumento de sua produção, a Auto Union alugou uma antiga e semidestruída fábrica, que abrigara a linha de montagem dos poderosos Panzer Tiger usados pelos nazistas. Com a ajuda de 3.000 operário, em menos de um ano conseguiram reconstruir 10.000 m^2, e em mais três anos chegou-se aos 80.000 m^2. Mesmo na versão sedã, o DKW se tornou o sonho da classe média e uma opção possível de *upgrade* em relação ao Volkswagen. Em 1951, o Meisterklasse ocidental ganhou uma versão "perua", o F-89 U (de "Universal"), com carroceria em madeira após a coluna traseira, como as *station wagons* americanas, e a linha oferecia três F-89: L, P e U.

Apesar de todos os esforços, da venda de 32.593 unidades em 1952 e do franco crescimento, a empresa ainda se encontrava em déficit. Em 1953, a produção do Meisterklasse F-89 foi encerrada após a venda de mais de 32.000 unidades. Seu substituto foi o novo Sonderklasse F-91, com motor longitudinal em relação ao comprimento do carro, de três cilindros e

deslocamento de 845 cm^3. O novo chassi resultava em um carro ainda mais estável, confortável e pesado, de 910 kg, capaz de atingir 120 km/h e acelerar de 0 a 100 km/h em 34 s. Os modelos também receberam a antiga denominação 3=6.

Em 1953, o engenheiro suíço Emil Enzmann criou um carro de fibra de vidro reforçado, portanto mais resistente e leve (apenas 500 kg), sobre chassi e motor Volkswagen. O modelo foi lançado em 1956 em uma feira da indústria suíça em Lausanne e nomeado Enzmann 506, após ter sido exposto no estande nº 506 no Salão de Frankfurt em 1957.

O carro alcançava quase 140 km/h e tinha características únicas, como ausência de portas e, depois, um teto deslizante sobre trilhos. A produção em série passou a ser feita na cidade de Schlüpfheim em 1958. Em 1960, Emil Enzmann começou a enfrentar dificuldades para obter chassis e motores Volkswagen e encontrou como alternativa o uso do chassi DKW. O resultado foi o Enzmann 500 Spider, parecido com o 506, mas dotado de duas portas e um banquinho traseiro.

A fábrica da Karmann continuou a produzir os conversíveis Karmann de quatro lugares e a da Hebmüller o de dois lugares. A linha se completava com um furgãozinho sobre a mesma carroceria do Universal. Em 1954, a produção de carros e comerciais leves totalizou 39.548 uni-

Sonderklasse F-91 1953, com motor de três cilindros.

Três diferentes usos para a F-89 L.

À esquerda: F-93 Hardtop. À direita: com exceção do para-choque reforçado e do hardtop, essa traseira foi a conhecida no Brasil.

dades, das quais 19.325 foram vendidas. O F-91 era um sucesso com uma legião de admiradores, a empresa tinha uma equipe de 10.000 empregados e as vendas das motocicletas estavam em promissores 30.000 unidades das RT 175/200 e 3.500 unidades da RT 125.

Em 1955, a DKW deu um passo ousado e abandonou a faixa inferior do mercado ao apresentar no salão de Frankfurt o *Der Grosser* DKW ("Grande DKW"), ou F-93, 10 cm mais largo e mais espaçoso que os modelos anteriores, equipado com um motor de 38 cv

Conversível F-93, última colaboração entre a Karmann e a Auto Union.

DIN e com muitas outras novidades: câmbio na direção, grade simplificada e com as barras horizontais delimitadas por uma elegante elipse. Como consequência da evolução estética, foi incrementada a lateralização dos faróis, que se integraram aos para-lamas, e a traseira manteve os quatro frisos decorativos verticais sobre ressaltos, tão ao gosto dos alemães. O aspecto esportivo do painel desapareceu e foi substituído por duas semielipses simétricas nas extremidades, com os instrumentos do painel à esquerda e o porta-luvas à direita. As lanternas traseiras ficaram maiores e mais ressaltadas.

A oferta da Limousine Viertürige, ou F-94, um sedã de quatro portas, foi outra grande novidade que se juntou ao duas-portas e ao cupê, assim como o lançamento de um tipo de jipe oficialmente nomeado em 1962 de Munga. Quanto ao acabamento, eram disponibilizadas as versões Spezial e Normal, com cromados e filetes decorativos em alumínio apenas na grade e na borracha do para-brisa.

Como a proibição para fabricação de veículos militares na Alemanha já não existia mais, foi feita uma disputa com os fabricantes Porsche e Steyr na qual o projeto da Auto Union saiu vitorioso. O Munga era construído sobre o chassi do F-91 e tinha vantagens importantes como bom preço e resistência.

Sucesso do Grosser DKW em seu lançamento.

Em 1956, foram feitas novas reestruturações e aporte de capital por parte do Banco da Baviera, e a Auto Union tornou-se apenas DKW. Após 7.360 unidades produzidas, os cobiçados conversíveis de dois e quatro lugares saíram de linha e o negócio de motocicletas começou a naufragar em virtude da preferência do mercado por carros. Mas um modelo mais simples, chamado de Hummel, obteve ótimos resultados em curto prazo.

DKW Monza, uma tentativa séria de fazer um esportivo.

Neste ano, também houve a vinda da DKW para o Brasil, como será apresentado mais adiante.

Houve muitas novidades em 1957, ano em que a Auto Union fabricou 51.008 unidades de todos os modelos, além de 10.300 motocicletas e 4.700 motonetas. Tendo em vista um substituto para os conversíveis Karmann e Hebmüller dentro da esportividade do DKW e do intenso envolvimento com o automobilismo, que sempre caracterizou a empresa, a Auto Union sentiu que o momento estava maduro para oferecer algo mais adequado para o esporte.

O concessionário de Heidelberg Fritz Wenk decidiu tocar esse projeto, o que resultou no fogoso cupê de carroceria semelhante aos grandes carros esportivos italianos, adequadamente chamado de Monza. Com 661 kg, 1.000 cm^3 e 55 cv, o Monza foi mostrado no estande da Auto Union no Salão de Genebra de 1957.

Depois de dois anos, os modelos F-93 e F-94 receberam novas modificações, como a substituição das grossas barras horizontais da grade por um desenho em forma de colmeia finamente quadriculado em alumínio. A elipsoide e larga moldura em alumínio foi mantida, com aspecto final muito mais esportivo.

A linha era compreendida basicamente pela Normal Limousine — de duas e quatro portas, sem frisos de alumínio, inclusive na janela de trás com soleira de borracha e acabamento simplificado (F--93) —; Spezial Limousine — também de duas e quatro portas e melhor acabamento (F-93) —; Luxus Coupé — com duas portas sem coluna (F-93) —; Reise--Limousine — com quatro portas e dez centímetros mais longo, com mais espaço para os passageiros de trás (F-94) — e a volta da produção da útil e apreciada perua Universal, disponível apenas com duas portas (F-94).

A Karmann fabricou 667 unidades do modelo, seguindo o desenho de Hebmüller, o que marcou o fim dos modelos abertos, com motor de 40 cv DIN de rendimento. Como a Auto Union havia ficado sem um carro de entrada de nível, o DKW Junior foi uma importante novidade. Seu excelente desempenho permitia que 741 cm^3 e três cilindros rend essem o mesmo que um motor 1200 convencional: 34 cv que podiam alcançar 120 km/h. Nesse ano de 1957, foram vendidos 74.012 novos DKWs e toda a produção foi transferida para a fábrica de Ingolstadt.

O primeiro Junior.

O modelo 1000 S podia vir com teto solar.

Em 1958, o Spezial foi substituído por uma nova versão do F-93/4 chamada Auto Union 1000, o primeiro carro de grande série da Auto Union do pós-guerra que levava apenas a marca Auto Union. Também surgiu um modelo esportivo claramente inspirado no Ford Thunderbird, com um desenho alternativo assinado por Fissore que jamais entrou em produção. O 1000 SP vinha nas versões cupê e conversível, com mecânica que desenvolvia 55 cv e alcançava mais de 145 km/h.

O conversível 1000 SP.

No final do ano, foi lançado o Auto Union 1000 S, com acabamento interno ainda melhor, nas versões de duas portas, chamadas de cupê (sem a coluna central quando os vidros laterais eram completamente baixados) e limusine (com a coluna central permanente). Neste momento, a Mercedes-Benz comprou 51 por cento das ações da Auto Union, tornando-se sua proprietária majoritária.

DKW F94 1000 cupê introduzido nos Estados Unidos, semelhante ao modelo brasileiro, só que mais curto e luxuoso.

Em 1960, a DKW renovou o Auto Union 1000 S, que rendia 55 cv. Ganhou o velocímetro vertical do Mercedes 220 e um para-brisa panorâmico que avançava para a lateral em um formato que era chamado de "perna-de-cachorro". A Auto Union também conquistou neste ano 24 campeonatos em todo o mundo e completava 500.000 unidades produzidas.

Em 1961, mesmo enfrentando dificuldades financeiras, a empresa lançou a versão Junior de luxe, um DKW Junior com motor de 796 cm^3 e um sistema desenhado pela Bosch chamado de Lubrimat, que supria óleo para o motor automaticamente; além de freios a disco fabricados pela Alfred Teves (ATE) sob licença Dunlop, para o 1000 S e o 1000 SP.

Em 1962, a Mercedes-Benz assumiu a fábrica em Düsseldorf e foram vendidas 200.000 unidades do DKW Junior, que era chamado agora de F-11, o que justificava a adoção de um motor de 900 cm^3, maior sofisticação no acabamento e pequenas mudanças estéticas.

Os modelos 1000 (DKW 3=6 e Auto Union 1000) saíram de linha em 1963 e o DKW F-12 entrou em produção, com 889 cm^3 e carroceria do F-11, que mesmo vendendo bem não trazia lucros. No ano seguinte, o F-102 desenhado por Fissore foi apresentado. Vinha equipado com motor de 1.175 cm^3 e, inicialmente, apenas duas portas, em busca do mercado da classe média emergente. O Lubrimat que trazia também foi aperfeiçoado

Novo F-11, substituto do Junior.

e conseguia dosar o óleo de modo quase perfeito; recebeu também melhorias mecânicas no chassi e na suspensão. Em 1964, a Mercedes-Benz também decidiu vender a Auto Union, que acabou ficando integralmente para a Volkswagen.

Em 1965, a produção do F-11/2 foi encerrada, pois os motores de quatro tempos se mostravam mais confiáveis em invernos rigorosos do que os tradicionais motores de dois tempos. No final do ano, o esportivo 1000 SP também teve sua produção cessada.

O FIM DA DKW

A primavera de 1966 se transformou no ocaso do DKW, que teve quase 125.000 unidades do F-102 produzidas em dois anos. A fábrica produziu ainda 83.775 Volkswagens 1300-1500. A linha se reduzira ao F-102, com duas e quatro portas, e ao Munga, sem nenhuma perua. A marca que produzira

Audi 72, um F-102 "mercedificado" na grade e no motor.

1 milhão de carros desde sua fundação chegou ao fim.

A Volkswagen não sabia se aproveitava o motor, mas não vacilou em usar o nome Audi. Desse modo, o F-102 se transformou nos Audi A 60 de duas e de quatro portas, logo seguidos dos modelos 72, 75 e 90, que nasceram sem o estigma de "carro barato". O comprador podia escolher uma nova carroceria, de quatro portas, e uma perua.

A história do DKW, automóvel confortável, veloz, bem-feito e com motor bem desenvolvido, é quase tão antiga quanto a história do automóvel. No Brasil, é praticamente a própria história do automóvel. O desenho básico e a estrutura mecânica sobreviveram de 1944 a 1990, com modelos fabricados na Alemanha Oriental, como o Wartburg e o Trabant, e ditam a prática mundial até hoje, deixando como principal herança a tração dianteira.

Entre os vários fatores que condenaram o DKW no Ocidente, o principal foi o ecológico: os motores de dois tempos são altamente poluentes.

MERCEDES-BENZ DO BRASIL S.A

CAPÍTULO 2

A CHEGADA AO BRASIL

NASCE A VEMAG

Embora já houvesse a importação de DKWs no Brasil durante a década de 1930, Domingos Fernandes Alonso começou seus negócios automobilísticos com a revenda de Studebakers. Sua família, de origem espanhola e radicada no Rio de Janeiro, realizava empreendimentos no setor de entretenimento, lazer e turismo, mas resolveu aproveitar o lema "governar é abrir estradas" da época e investir no mercado de transportes ao importar o Studebaker americano. Depois de alguns anos, os negócios de Fernandes evoluíram para a instalação de uma pequena linha de montagem para os Studebaker em regime SKD (*semi-knocked down*, traduzido como produtos encaixotados quase prontos, em que apenas pneus e estofamentos eram montados localmente). Apesar do endurecimento do governo Dutra em relação à jogatina, houve um favorecimento das importações, que acabou beneficiando a família.

Domingos Fernandes e o filho José no ato da fundação da Vemag em 1952.

Em 25 de julho de 1945, Domingos Fernandes oficializou a fundação da Distribuidora Studebaker ao lado de seus filhos José P. Fernandes e Claudio Fernandes, do investidor sueco Swend H. Nielsen e do representante da Studebaker Melvin Brooks. O primeiros carros começaram a chegar em 1946 e já no ano seguinte a fábrica começou a ser construída para servir de depósito aos Studebakers importados e produzir implementos agrícolas e tratores. Para a instalação dessa montadora, São Paulo, mais precisamente o bairro do Ipiranga, foi a escolhida, por também concentrar a maioria das manufaturas de

Scania-Vabis sueco, trazido pela Vemag ao Brasil.

autopeças, que compreendiam o sistema elétrico, de arrefecimento, suspensões e acabamento. A modernidade da arejada indústria a capacitava para a execução da complexa montagem de veículos em CKD (*completely knocked-down*), ou seja, produtos completamente desmontados. Os funcionários foram cuidadosamente preparados, além de mão de obra americana ter imigrado temporariamente para estabelecer um sólido estoque de peças e cuidar da formação de equipes de revenda do Studebaker. A empresa também foi responsável pela criação e implantação da "Escola Vemag" e de caravanas volantes por todo o Brasil a partir de 1952. A Distribuidora de Automóveis Studebaker lançou ainda em 1948 os modelos 1949 em nove estados brasileiros.

Embora as táticas utilizadas pelo grupo comercial da Distribuidora Studebaker, incluindo a negociação de preços com empresas predispostas, costumassem funcionar bem, a importação de veículos estava severamente ameaçada pela má situação financeira da Studebaker nos Estados Unidos. Diante dessa situação, Fernandes e a ELIT (empresa de equipamentos para lavoura que importava os produtos Massey do Canadá) decidiram se juntar e formar uma nova empresa chamada VEMAG, Veículos e Máquinas Agrícolas, que logo passou também a importar e comercializar caminhões Scania-Vabis, além de conquistar os direitos para a importação dos gigantescos caminhões Kenworth. Com o agravamento da situação econômica brasileira, que acabou prejudicando especialmente a classe média, foco principal das vendas do grupo, Domingos Fernandes decidiu redirecionar rapidamente seus investimentos para o segmento de imóveis.

Enquanto isso, Walter Krug organizava um serviço de importação e manutenção do DKW em 1950, que tomou a forma da importadora e revendedora Auto-Lux, em São Paulo, com instalações de 2.000 m^2 que incluíam oficina de manutenção e depósito de peças, além de mais 1.000 m^2 onde foram montados um salão de exposição, lavagem e lubrificação. Os primeiros cem DKWs, entre F-89 P e F-89 L, entraram pelo porto de Santos, mas uma subsidiária logo foi fundada em Recife. Até 1952, foram importados aproximadamente quinhentos carros.

Nesse entretempo, Vargas voltou ao poder, eleito pelo povo. Criou então o Banco Nacional de Desenvolvimento Econômico e alguns Grupos Executivos, com destaque para o Grupo Executivo da Indústria Automobilística (GEIA), que foi o grande responsável pelo fortalecimento da manufatura de automóveis brasileiros da Romi e da DKW-Vemag. Ambas as empresas fabricavam carros baseados em motor de dois tempos, ideais para épocas de crise e propostas racionais para o Brasil.

Como o DKW não era um carro barato, tornou-se o sonho de consumo de muitos dos donos de Volkswagen. Uma forma encontrada para garantir um preço ainda acessível foi a adoção do motor de dois tempos, cuja mecânica tinha poucas partes móveis. Já a Romi, e a mecânica pouco convencional de seus modelos, similar a de uma motoneta, tornava contro-

Os cem primeiros DKWs F-89 importados para o Brasil pelo porto de Santos, em 1950.

versa sua posição como fabricante de carros. Apesar de tudo, o diminuto veículo com motor de dois tempos e apenas uma porta frontal foi lançado no Brasil em 1956 com o nome de Romi-Isetta, antes do DKW, e ficou no mercado apenas até 1959, apesar de algumas unidades terem sido montadas com peças remanescentes até 1961. Seus proprietários apreciavam suas principais características: era capaz de percorrer mais de 20 km por litro, sendo econômico no combustível, e podia estacionar em espaços onde até mesmo uma motocicleta teria dificuldades.

Quanto aos DKWs, a Auto-Lux estava enfrentando sérias dificuldades para importá-los desde 1953, situação compartilhada com todos os empreendedores. Em dificuldades e informado sobre o interesse da Auto Union em conquistar novos mercados e instalar fábricas em outros países, Krug entrou em contato com Fernandes, que controlava a Vemag, uma importadora e montadora de produtos automobilísticos, além de já possuir uma estamparia para as carrocerias dos Scanias. Os dois negociaram, em fevereiro de 1955, na Alemanha, a importação de prensas e ferramental da pequena perua Sonderklasse Kombiwagen Universal F-91, que fora fabricada de 1953 a 1955. Alguns meses depois do Romi-Isetta, a Vemag conseguia colocar no mercado brasileiro aquele que pode ser considerado como o verdadeiro pioneiro: o DKW-Vemag.

Em agosto de 1956, a Vemag entrou com um processo no recém-criado GEIA para a criação de uma fábrica de utilitários, artigo desejado pelo orgão, que rapidamente aprovou o pedido. O bairro do Ipiranga abrigava o terreno com cerca de 87.000 m^2 escolhido para a construção das instalações.

À esquerda: o primeiro Sedã F-94 completado no Brasil. À direita: depois da montagem, a finalização.

Produção da Vemag em 1960.

No ano seguinte, mesmo o ímpeto da Vemag em seus emprendimentos não escondia os sinais de desordem administrativa e problemas de planejamento mostrados pelo magro capital resultante dos investimentos em edificações e aquisições de maquinários. De qualquer forma, em 1957 iniciou-se a fabricação do sedã DKW-Vemag — ou F-94, na denominação alemã.

A viabilização da indústria brasileira e o desenvolvimento do DKW-Vemag criaram uma frota de automóveis no Brasil, com revendas em São Paulo e Rio de Janeiro, além da participação em competições. O produtos eram assistidos por uma equipe de engenharia única no Brasil, criada pela Vemag especificamente para esse fim, com vários técnicos alemães. Para resolver os problemas iniciais de capitalização, a Vemag lançou ações no mercado em 1960, mas não foi bem-sucedida.

As primeiras mudanças nos modelos foram feitas em 1961, quando a Vemag demonstrou seu grande problema: a subcapitalização em virtude do alto investimento, feito com capital próprio e sem aporte de recursos da matriz alemã, e do retorno lento. Com o complicar da situação, foi realizada uma reestruturação assumida por Lélio de Toledo Piza e Almeida Filho, que tinha o raro dom de ser firme sem deixar de ser educado, afável sem ser leniente, técnico sem ser desumano. Obter capital externo parecia impóssível, e a empresa perdia dinheiro em cada carro que vendia devido à inflação, por isso a capacidade de produção foi aproveitada com a exportação do excedente. Inicialmente 2.000 jogos CKD de motor, 85 por cento em peso, foram vendidos para a Imosa, fabricante espanhola do DKW desde 1952.

Em setembro de 1961, uma nova fonte de rendas para a Vemag surgiu com a implantação de um plano de vendas de motores recondicionados à base de troca. Como a durabilidade do motor do DKW costumava se limitar a cinco anos e comprometia a imagem do produto, essa medida foi muito bem-vinda.

Em 1964, a fábrica da Vemag tinha 87.144 m², com índice de nacionalização de 99,967 porcento, e contava com 4.013 funcionários. No entanto, o individamento da Vemag também cresceu, e a inflação galopante impedia a obtenção de lucros, além de fazer com que a empresa ficasse sem capital de giro. Durante meses, centenas de carros permaneceram estocados nos pátios.

O fechamento de revendas, ou mesmo a troca de bandeiras, com a sensível diminuição na profundidade das novidades, sinalizavam o fim do DKW-Vemag. Mesmo com todas as dificuldades, a Vemag não esmoreceu e prosseguiu com o contínuo aperfeiçoamento de seus produtos, a fim de os tornar mais utilizáveis mesmo após passar longos períodos no pátio devido à crise econômica. A ferrugem presente em muitos DKWs já na hora da compra refletia a situação de mais de 3.000 carros encalhados, que passavam um tempo excessivo em depósitos abertos. Apesar das vendas do DKW girarem em torno de 15.000 unidades por ano, a marca estava longe de manter o necessário equilíbrio financeiro.

Em 1965, a situação da Vemag se tornou ainda mais incerta quando a Volkswagenwerk assumiu o controle total da Auto Union na Alemanha. Assim, a Vemag decidiu viajar para a Alemanha em setembro de 1965 e procurar o gigante de Wolfsburg para mostrar relatórios e planilhas com a situação financeira da empresa. O parque industrial da Vemag interessou muito a Volkswagen, mas o mesmo não aconteceu com os DKWs. Por isso, eles enviaram para o Brasil apenas ferramental, mas como a legislação brasileira da época proibia a importação de tudo o que pudesse ser produzido localmente, a empresa alemã teve que se submeter a um acordo de produção híbrida, no qual continuaria a fazer o DKW junto com a nova linha Volkswagen na fábrica da Vemag.

A propaganda buscava associar a robustez do Volkswagen ao DKW.

O CAMINHO PARA O FIM

Em 1966, a Vemag fez a péssima decisão de aumentar a produção para oitenta carros por dia, na errônea esperança de que a contração econômica de 1965 estaria se resolvendo. Em setembro desse ano, o presidente da Vemag Lélio de Toledo Piza e Almeida Filho convocou a imprensa para avisar que a Volkswagen havia acabado de adquirir a Vemag, que ainda lançou em 1967 uma nova linha da Vemaguet e Belcar totalmente reestilizada. A imprensa e, consequentemente, o público interpretou essa opção como uma forte confirmação da continuidade do DKW-Vemag, mas em agosto do mesmo ano o então presidente da Volkswagenwerk Heinrich Nordhoff deu uma entrevista publicada na influente revista inglesa *The Autocar* anunciando o fim da produção do motor de dois tempos e, consequentemente, do DKW.

Propaganda de 1967.

Essa notícia não passou despercebida no Brasil, onde as vendas não refletiam a produção, que ficava parcialmente estocada no pátio à espera de compradores, enquanto os Volkswagens eram vendidos com ágio em virtude de sua falta para a compra. O único produto com vendas proporcionais à produção era o Fissore, mas ele sozinho não conseguiria sustentar uma empresa. Em agosto, toda a seção de peças e engenharia experimental da Volkswagen mudou-se para as instalações da Vemag, no bairro do Ipiranga.

Após uma intensa movimentação de caminhões no bairro do Ipiranga, em novembro, o setor de usinagem de motores foi esvaziado e seu ferramental foi embarcado em dezembro para a província de Santa Fé, perto de Buenos Aires, com intermediação especial dos governos argentino e brasileiro. A criação dos moldes para a fabricação do Volkswagen 1600 foi viabilizada levando-se quase tudo para a fábrica da Volkswagen na via Anchieta, em São Bernardo.

Em dezembro, a Vemag encerrava definitivamente sua história como fabricante de automóveis e o DKW-Vemag, sua história como automóvel. O fim da produção foi marcado por 145 Belcars e 111 Vemaguetes, e ainda restavam 3.514 automóveis, 228 deles novos, para vender em 1968.

Apesar da tentativa da Volkswagen em continuar com os produtos DKW, a empresa logo percebeu que o melhor seria se aproveitar apenas do melhor e mais moderno ferramental da indútria automobilística brasileira nos anos 1960.

CAPÍTULO 3

A EVOLUÇÃO DOS MODELOS

1956-1957 – CAMINHONETE F-91

Em 19 de novembro de 1956, os primeiros DKWs F-91 Universal brasileiros foram lançados no Rio de Janeiro, após saírem da linha de montagem. Chamados de DKW-Vemag, esses veículos eram caminhonetes, ou peruas, com duas portas e banco dianteiro totalmente rebatível que possibilitava o acesso ao banco traseiro. O cuidadoso acabamento interior contava com espenho retrovisor instalado sobre o painel, o que provia boa visibilidade e aspecto esportivo.

Quanto ao aspecto externo, possuía uma agradável combinação de grade com frisos de alumínio e motivos horizontais, que formavam uma pirâmide, e cores alegres. As chamativas caminhonetes eram normalmente pintadas em estilo saia e blusa nas cores salmão e branco. Seus faróis dianteiros eram

Primeiras peruas F-91 Universal brasileiras deixam a fábrica do Ipiranga.

Em 1957, evento em homenagem ao GEIA.

iguais aos do Fusca, e a terceira porta abria verticalmente em duas folhas.

O motor de baixa cilindrada não era muito adequado às longas distâncias que o consumidor brasileiro tinha que percorrer, e isso acabava resultando em uma durabilidade menor. A produção das caminhonetes F-91 brasileiras durou menos de dois anos, mas o veículo adquiriu a fama de superioridade, agilidade e valentia em relação aos concorrentes italianos e franceses. Em 1957, a até então terceira porta repartida verticalmente em duas passou a ser dividida na horizontal, na linha de cintura, com mudança dos frisos laterais.

Em 1957, a perua nacional ganhou porta traseira dividida horizontalmente, com as grandes vantagens da maior rigidez e melhor vedação da carroceria.

1958 – A FAMÍLIA AUMENTA

Em julho desse ano, foi trazido para o Brasil o veículo fora de estrada Munga, lançado apenas dois anos antes na Alemanha. Em outubro, as intalações no bairro do Ipiranga iniciaram a fabricação da primeira centena de sedãs DKW-Vemags na

atualizada versão F-94, ou Grosser DKW (Grande DKW), e não mais F-91. O simpático aspecto da antiga versão da grade deu lugar a um ar mais esportivo, com um quadriculado fino e delicado estampado em alumínio, semelhante a uma colmeia, chamado *mesh grille*. O modelo apresentava soluções estéticas dos anos 1940 — como para-lamas integrados mais baixos do que o capô, faróis embutidos, linha de cintura alta —, combinadas com desenvolvimentos dos anos 1950, como grande área envidraçada e vidro traseiro panorâmico. A tampa do porta-malas trazia também frisos de alumínio longitudinais aplicados em paralelo sobre ressaltos na chapa, um detalhe de luxo muito apreciado pelos alemães da época.

A perua continuou com duas portas, com a terceira porta dividida na horizontal. As portas traseiras de sedã eram estreitas, em parte por seguirem a linha do para-lama, o que acabava criando um obstáculo

No alto: a agradável dianteira do DKW 1958. Embaixo, à esquerda: o interior do DKW. Embaixo, à direita: a ampla área envidraçada proporcionava visibilidade única na época.

para as pessoas fisicamente menos preparadas que ocupassem o banco de trás. A perua possuía os mesmos frisos que o sedã na terceira porta. As dobradiças das portas eram aparentes e possuíam uma cinta semielástica para limitar o movimento, no lugar da mola limitadora.

Os carros ganharam um novo painel de instrumentos, com aba inteiriça ao longo do para-brisa, e um pequeno painel trapezoidal de desenho semelhante ao do porta-luvas. O aro de buzina era cromado, e os botões do painel eram de uma resina plástica leitosa. O acabamento dos bancos era sem luxos, em gomos de boa qualidade. O espelho retrovisor foi retirado do painel e passou a ser fixado no teto.

Na página ao lado, apesar do espaço para três pessoas no banco traseiro, o acesso era prejudicado pelo desenho da porta, que seguia a linha do para-lama, entre 1958 e 1960.

1958 – PUMA

Em 1958, a classe Turismo era palco da luta entre um sedã DKW de 1.000 kg e sedãs como o Simca, mas em 1964 surgiu o Willys Interlagos, um verdadeiro grão-turismo. A saída para esse problema foi a "carreterização" sobre base DKW-Vemag, tendo como uma das mais interessantes versões, mas não muito bem-sucedida, o Mickey Mouse, com duas portas e entre-eixos curto de 2,10 m, contra 2,45 m do carro original.

Outra saída foi fazer um protótipo construído como grão-turismo. E assim surgiu o GT Malzoni, criado por Genaro "Rino" Malzoni, um apaixonado por automóveis com bom senso estético, que modificava a carroceria de alguns dos seus carros.

Mickey Mouse, a segunda carretera da Vemag.

Em 1961, Malzoni fez em dezenove meses um carro inteiro, para uso pessoal, com o nome de "Rino 1" ou "Malzoni 1", tendo como base a plataforma nacional do DKW-Vemag. Com uma agradável e equilibrada carroceria cupê de três volumes feita totalmente em aço, o modelo também trazia grades laterais

nos para-lamas e vidro traseiro envolvente que provia excepcional visibilidade. A simplicidade do projeto resultou num automóvel cuja proporcionalidade não envelheceu com o tempo.

O interesse que o primeiro exemplar construído despertou em outras pessoas motivou Rino Malzoni a iniciar a construção de outra unidade, em plástico e fibra de vidro. Com o término do preparo do Malzoni I em 1962, Rino começou a se dedicar a um GT de dois lugares mais voltado para competições.

Para seu novo projeto, Rino contava com uma dedicada equipe de sete pessoas, que dava forma às suas ideias: três funileiros e quatro mecânicos, três dos quais também funcionavam como faz-tudo. Rino ficava apenas com o projeto dos modelos e desenvolvia agora um GT de verdade, com mecânica DKW-Vemag, feito especialmente para correr.

Desenho do primeiro Malzoni grão-turismo.

Chamado internamente de Malzoni II, o modelo raçudo vinha com faróis encaixados e ainda não carenados, com portas que lembravam o Malzoni I. Sua carroceria inaugurou a era berlineta para Rino Malzoni, pois seu panorâmico vidro traseiro abandonou a forma de três volumes.

O sucesso do Malzoni II logo abriu espaço para o Malzoni III (ou Rino III), um modelo feito de aço, com linhas mais retas na cintura e duas escotilhas nos para-lamas dianteiros, faróis com elegante carenagem e grade mais delicada, que aproveitava melhor o desenho em semielipse invertida, dotada de dois frisos grossos e profundos ladeando os símbolos da Auto Union, que repetiam e completavam o desenho do para-choque. A traseira tinha perfil Kamm, ou coda tronca, com um pequeno aerofólio, de acordo com a mais recente tendência aerodinâmica da época. Até então se acreditava que o mais

Malzoni II: da construção ao resultado final.

eficiente seria as traseiras alongadas em gota. O delineamento das portas e dos porta-malas foram ajustados. Sua instrumentação era a mesma do DKW-Vemag. O modelo em aço foi seguido de uma cópia em plástico reforçado com fibra de vidro fabricada pela empresa Fibraplastic, cujo sócio era Anísio Campos. Nesse

Malzoni GT versão esportiva para uso diário, com rodas cromadas e todos os acessórios de série do DKW.

momento, o comerciante Luís Roberto Alves da Costa e Mílton Masteguin, da Vemag, além do piloto Mário "Marinho" César de Camargo Filho se juntaram a Malzoni.

Jorge Lettry fabricou e preparou três veículos imediatamente adquiridos pela Vemag. O carro ganhou em sua primeira participação nas pistas, em 1964, ganhando mais quatro disputas logo depois. Após o sucesso do modelo em competições, os quatro entusiastas tornaram-se sócios, contribuindo financeiramente e com a primeira sílaba de seu prenome, criando a Lumimari (Luís, Mílton, Marinho e Rino). A esse time de quatro, juntou-se ainda Jorge Lettry.

O GT Malzoni era disponibilizado em duas versões, uma mais luxuosa e outra para competições, despida de acabamento nas portas, de antirruído e com bancos simplificados, chamada Espartana, com custo de 1,5 milhão de cruzeiros inferior à versão normal.

1959-1961 – NOVOS NOMES

Entre 1959 e 1960, os produtos DKW-Vemag não sofreram nenhuma modificação além das rodas com oito furos em 1960, mas tinham excelente aceitação no mercado e começaram a ser usados em competições pela excelente aerodinâmica. Só no terceiro trimestre de 1960 foi anunciado o lançamento do modelo DKW-Vemag 1961, com a promessa de uma série de aperfeiçoamentos, mas o produto só chegaria às revendas depois de lançado na Alemanha.

DKW 1959, com o motor 1000.

No alto, à esquerda: rodas ventiladas Vemag de 1960, um luxo na época. Embaixo, à esquerda: tampa traseira, com lavores. Acima: DKW 1960, modelo muito desejado pelos brasileiros da época.

As mudanças estéticas modernizaram e trouxeram leveza ao carro, que perdeu os quatro frisos de alumínio sobre os ressaltos na tampa do porta-malas e ganhou novos para-choques. Entre os para-choques e o tubo de reforço se localizavam os pisca-piscas dianteiros, que ficavam com a visibilidade prejudicada mesmo com a lateralização. Uma estrutura trapezoidal de perfil em U ligava-se às garras e aos reforços tubulares.

Em 1961, o DKW teve seu acabamento aprimorado, principalmente na pintura, que mantinha o elegante estilo saia e blusa. Um aperfeiçoamento exclusi-

À esquerda: lançamento do DKW no Salão do Automóvel de 1960. À direita: novo para--choque modelo 1961, com fabricação iniciada em 1960.

À esquerda: a traseira do DKW 1961, com porta traseira ampliada e sem lavores na tampa do porta-malas. À direita: o avanço na abertura da porta traseira até a linha da roda facilitava o acesso e a saída.

vo para o Belcar foi o aumento das portas traseiras, que permitia abaixar quase completamente o vidro da porta.

O fornecimento de supercalotas, um belo adorno sobreposto ao aro de roda e acompanhando seu desenho perfurado, auxiliava no resfriamento dos freios. A novidade mecânica mais importante foi a sincronização da primeira marcha. Os produtos ganharam nomes exclusivos para o Brasil: o sedã passava a se chamar Belcar, e a caminhonete, Vemaguet.

1961 – MB MOLDEX

Em 1961, foi apresentado no II Salão do Automóvel de São Paulo um atrativo conversível de linhas fortes, projetado e desenhado por Roberto Stieler, com o investimento de Rodolfo Rivolta. Chamado de MB (sigla para "mecânica brasileira") Moldex, o modelo era montado sobre o chassi do DKW-Vemag e tinha assentos individuais tanto na frente como atrás, com estofamento de couro e um console todo caprichado e acabado em metal entre os bancos, abrigando o relógio de horas do DKW-Vemag e, bizarramente, o interruptor de ignição.

À esquerda: MB Moldex, com carroceria inspirada em modelos italianos da Pininfarina e para-brisa do FNM JK. À direita: o MB Moldex com capota dura.

Os instrumentos do painel eram os mesmos do DKW-Vemag original, mas estavam dispostos em ordem invertida, com o velocímetro à esquerda. O modelo também contava com porta--malas forrado, tanque de gasolina da Vemaguet e mais um tanque de gasolina atrás dos bancos traseiros para dar conta dos grandes gastos de combustível típicos do DKW-Vemag e aumentar a autonomia.

A capota dura que vinha com o conversível não casava muito bem com o conjunto, mas a carroceria tinha a grande novidade de ser feita de plástico reforçado com fibra de vidro. Nela, ficavam embutido todos os conduítes de fiação.

Apesar do sucesso feito pelo MB nos salões, as vendas não foram tão boas. Seu preço era duas vezes maior que o do DKW-Vemag, e foram fabricados, com certeza, pelo menos três unidades.

1962 – FISSORE

Nome conhecido entre os especialistas em automóveis, Giusto Fissore apresentava planos e assessorava projetos, realizando também a construção daquilo que havia planejado. Ao vir para o Brasil, estabeleceu-se aqui por alguns meses e orientou o aperfeiçoamento e a implantação da produção do carro que carregava orgulhosamente seu sobrenome no Brasil. Após finalizado, o protótipo feito na Itália foi apresentado no Salão do Automóvel no final de 1962.

O modelo possuía uma agradável carroceria de três volumes, elegante e muito atual para a época. A praticamente universal influência das tendências americanas dava leveza ao carro, além da impressão de sustentação etérea do teto,

Um belo exemplar do Fissore 1965.

No alto: linha limpa e carroceria bem proporcionada. Embaixo, à esquerda: luz sinalizadora da abertura das portas, inédita no Brasil. Embaixo, no centro: lanternas traseiras lateralizadas, que davam maior visibilidade. Embaixo, à direita: amplo porta-malas da Vemeguet.

que estava representada pelos elegantes filetes cromados formados pela larga área envidraçada e pelas quase invisíveis colunas dianteiras, centrais e traseiras. Só foi possível embutir duas portas no Fissore, o que não o tornava atraente aos compradores da faixa de mercado à qual estava destinado. Como outros carros de luxo da época, o veículo recebeu uma lâmpada vermelha de segurança na largura da porta, para quando fosse necessário abri-la numa via sem iluminação.

A grade dianteira constituída de barras paralelas era delicada e trazia um conjunto formado por uma moldura elíptica cromada e ornada por pequenos lavores paralelos, que servia de suporte para os duplos faróis. A atenção aos detalhes podia ser notada pelo conjunto formado pela delicada linha de cintura, pelos para-choques e pelas lanternas traseiras visíveis lateralmente. A leveza se tornava ainda maior com o uso moderado de frisos.

Internamente, os bancos dianteiros do Fissore eram os mais confortáveis dentre os carros nacionais, pois dispunham de inéditos reclinadores de encostos. Também possuía uma forração de veludo única e luxuosa e alto-falantes instalados na parte de trás do carro, para uma acústica de melhor qualidade. Em relação aos outros modelos Vemag, o Fissore possuía o acabamento melhorado e uma série de outras sofisticações, como o Lubrimat, que permitia 2.000 km de autonomia antes do reabastecimento. De acordo com a fábrica, o motor desenvolvia 60 cv, com velocidade máxima de

O Fissore 1967, um dos carros mais desejados de sua época.

À esquerda: detalhes do Fissore 1967. À direita: as eficientes lanternas traseiras já eram parte do modelo.

125 km/h. As revendedoras começaram a receber as primeiras unidades em 1964.

Mudanças foram feitas no modelo em 1966, especialmente quanto à engenharia de produto: o painel traseiro foi integrado às laterais e passou a trazer o bocal do tanque de combustível, que se localizava mais precisamente atrás da placa de licença. Outras melhorias foram o aumento das lentes dos piscas dianteiros, que também se tornaram mais envolventes; bancos redesenhados, com assento dianteiro inteiriço; volante também redesenhado, em forma de cálice; retorno automático do pisca-pisca e novos difusores de entrada de ar nas extremidades do painel, melorando a ventilação interna.

Em 1967, o Fissore trazia lanternas traseiras maiores, no sentido lateral dos para-lamas, com efeito estético apreciado pela maioria das pessoas. A fabricação do modelo Fissore durou até o fim dos dias da Vemag.

1962-1964 – DO SIMPLES AO LUXO

Em 1962, só a Vemaguet recebeu alterações, como a perda dos frisos verticais da tampa traseira e o acréscimo de braços telescópicos autotravantes. Além disso, o para-choque recebeu a lâmpada de iluminação da placa traseira, as lanternas e o pisca-pisca foram horizontalizados e o logotipo Vemaguet 1000 foi lateralizado.

Com a perda da renda da classe média em decorrência da situação econômica,

Em 1962, a Vemaguet também perdeu os frisos na terceira porta--plataforma. As lanternas se tornaram horizontais.

o Candango, "jipinho" da Vemag, teve sua produção suspensa. Em contrapartida, veículos mais baratos foram lançados para atrair o público que perdera poder de compra, mas ainda assim almejava um carro novo. Seguindo essa ideia, foi feita uma simplificação da Vemaguet, tanto de ornamentos quanto de equipamentos úteis, que recebeu o nome de Caiçara, em homenagem ao resistente habitante do litoral atlântico.

Como opções de cor, havia o bege, a mais vendida, e o azul-claro. Tanto o para-choque quanto a moldura da grade eram pintados, e apenas os aros dos faróis eram cromados. As rodas não vinham com supercalotas e sim com calotas em forma de lua pintadas de preto. Todos os frisos foram eliminados.

Internamente, vinha sem emblema no painel e com porta-luvas sem chave, além de apenas um para-sol, como em todos os populares. A cobertura dos bancos era feita de um material plástico avermelhado, enquanto a forração das portas era feita com um material moderno destinado especialmente para forrações. Tanto o porta-malas quanto a terceira porta não recebiam qualquer forração.

Esta era a cor mais comum do Candango: um agradável verde-piscina.

O Belcar 1962, equipado com as
supercalotas de alumínio.

O atualmente raro Caiçara.

Como a tendência do consumidor brasileiro é fazer dívida a fim de comprar um carro melhor ao invés de adquirir um mais simples, o Caiçara vendeu apenas 1.173 unidades.

Em 1963, os veículos novamente receberam poucas modificações, como a exclusão do friso do capô. O emblema de círculos entrelaçados, representando a Auto Union, foi trocado pelo logotipo "DKW-Vemag". Outra novidade deste ano foi um modelo para frotas de táxi, uma tentativa de abertura de mercado apresentada no Salão do Automóvel de 1962 como novidade para 1963.

Em 1964, as rodas receberam um maior número de furações, agora no formato de pequenos trapézios em vez de elipses, além de calotas menores e com novo desenho, perdendo a disponibiliza-

DKW 1963, com planos para ser exportado pela Vemag.

Primeira Série 1964, novas calotas e rodas com furação trapezoidal, ainda com abertura das portas dianteiras no sentido contrário.

ção das supercalotas. A nova pintura em preto-fosco do painel evitava reflexos e dava aspecto de maior luxo ao carro. Os bancos foram redesenhados e receberam padronagem bicolor.

Para 1964, a Vemag também preparou aproximadamente duzentos veículos que constituiriam a série especial de denominação "Belcar Luxo", equipados com faróis de milha, rodas redesenhadas com sobrearo, lavador de para-brisa e bancos individuais reclináveis. O motor também era mais potente, com 60 cv, equipado com um moderno misturador automático de óleo e gasolina, o Lubrimat.

Em junho, a Vemag resolveu autorizar a modificação no sentido de abertura das portas dianteiras, da forma como todos estamos acostumados. A vedação contra entrada de água também foi melhorada.

GQJ·9402

Primeira Série 1964: novas rodas com furação trapezoidal para ventilar freios. Perdeu a supercalota, agora fora de moda.

Belcar Luxo 1964, com apenas 200 unidades fabricadas.

Também foi instalado um silencioso que consumia menos potência, com adoção de uma polia do motor mais pesada, que diminuía a vibração.

Modificações internas incluíam a supressão da trabalhosa pintura em preto fosco do painel, que voltou a ser da mesma cor do carro, e um acabamento estofado passou a ser aplicado na aba superior, aumentando a segurança. Logotipos próprios também passaram a caracterizar a série 1001.

À esquerda: em 1964, as portas passaram a abrir no sentido convencional.
À direita: série 1001, com lanternas traseiras bicolores exigidas pela legislação da época.

1965 – SÉRIE RIO

Nesse ano, foi lançada a série Rio, nomeada em homenagem à cidade do Rio de Janeiro. O modelo vinha com novas cores e grade frontal do para-choque modernizada, com a substituição da *mesh-grille* (em forma de colmeia) por um quadriculado prensado. Apesar da simplificação dos para-choques, houve também uma modernização: os reforços tubulares e os projéteis saíram de cena e foram substituídos por garras revestidas de úteis almofadas de plástico emborrachado. A varredura dos limpadores de para-brisa passou a funcionar da esquerda para a direita.

Internamente, o estofamento do Belcar Rio ganhou novos desenhos ainda bicolores. O acabamento interior ganhou um aspecto ainda mais luxuoso com os novos frisos que revestiam as portas, sendo que as portas traseiras agora eram travadas por botões. O encosto do banco dianteiro da Vemaguet Rio passou a ser ajustável em três posições. Os instrumentos do painel receberam iluminação verde, um luxo enorme para a época. Quanto à acústica, o barulhento DKW tornou-se silencioso com a adoção do extensivo uso de um material fonoabsorvente de base asfáltica, o Toroflex.

Uma inovação que quase equiparou o DKW aos carros convencionais no que se refere ao abastecimento, e talvez tenha sido a maior da linha Rio, foi o Lubrimat. Com sua instalação, o tanque era abastecido apenas com gasolina, separando o óleo em um reservatório junto ao motor. O

Lançamento do DKW Rio no 4º Salão do Automóvel.

Vemaguet Rio 1965, com novos para--choques simplificados e europeizados, com protetores de borracha e nova grade do motor.

rendimento do combustível era aumentado por um processo preciso que misturava automaticamente a gasolina e o óleo, sendo possível percorrer até mil km com um litro de óleo.

O medidor de combustível passou a trazer uma lâmpada de advertência amarela, que alertava o motorista sobre uma eventual falta de óleo no reservatório, e uma outra luz-espia branca, que acendia junto ao afogador caso o motorista o esquece puxado. A partir de 1965, não havia mais botão para se ligar o motor, bastando apenas girar a chave.

A forte crise econômica em 1965 provocou uma brusca queda nas vendas de carros, abarrotando os pátios cada vez mais. Para incentivar a compra de carros, o governo criou um plano que oferecia linha de créditos para os interessados em adquirir um carro popular. Com isso, a Vemag resolveu esquecer o péssimo resultado com a Caiçara e produzir um novo carro popular chamado Pracinha.

O Pracinha, diferente da Caiçara, tinha a porta traseira em duas folhas igual à da Vemaguet. Apesar dessa diferença, ambos tiveram destino semelhante e apresentaram vendas desapontadoras. Como o Pracinha e a Caiçara foram produzidos lado a lado em 1965, e houve a sobra de portas traseiras da Caiçara, o excedente foi aproveitado em alguns Pracinhas. Assim, 624 Pracinhas foram lançados com essas portas.

Traseira do Pracinha, com logotipo DKW-Vemag.

O Pracinha era desprovido de frisos ou cromados e vinha com o para-choque liso e as calotas pintadas. Também não vinha equipado com Lubrimat, roda-livre, cinzeiros ou luzes internas.

A temporariamente esquecida, e única, história do Carcará passou-se em 1966, após aproximadamente um ano e meio de preparativos. A motivação para tal intento foi a superação de limites humanos e de engenharia, e, se possível, estabelecer um recorde. O Cárcara cumpriu sua proposta ao ser o primeiro recordista de velocidade brasileiro e o único de sua classe até hoje ao alcançar como média de duas passagens em sentidos opostos na Rio-Santos a marca de velocidade de 212,903 km/h, com

Construção do Carcará sob o padrão aerodinâmico da época, derivado da engenharia aeronáutica.

À esquerda: Marinho e Lettry no Carcará prateado. À direita: Norman Casari no Carcará.

motor de dois tempos do DKW-Vemag aumentado de 981 para 1.089 cm^3, em junho de 1966.

O modelo pode ser considerado obra de Jorge Lettry, conhecido internacionalmente como mago da mecânica DKW-Vemag. Norman Casari foi o responsável por sua pilotagem, ao lado da dupla Rino Malzoni e posteriormente Anísio Campos.

1966 – PUMA GT

O modelo mais conhecido a partir de 1968 como Puma DKW teve o envolvimento do corredor e estilista Anísio Campos na lapidação e polidura do desenho, que acabou com a frente mais leve ao ficar com o para-choques sem detalhes. A maior modificação foi feita a partir da coluna traseira: alongou-se a traseira e formou-se um 2+2. As novas lanternas eram estreitas, alongadas e elípticas, com acabamento cromado. O acesso ao banco traseiro era garantido por duas generosas portas.

Os irmãos Fittipaldi fizeram o volante e as rodas eram da chamada "liga leve ligeira".

Em 1966, a razão social "Lumimari" foi trocada por "Puma Veículos e Motores" e o carro foi rebatizado "Puma GT", nome com o qual foi apresentado no V Salão do Automóvel de São Paulo, por sugestão de Jorge Lettry. Com o aumento da fama e popularização do outrora Malzoni GT, o Puma logo se tornou um sonho de consumo. O painel vinha agora com acabamento de madeira e console central, mas continuava com os instrumentos do DKW-Vemag e o conta-giros de série. Segundo dados da Anfavea, a Puma Veículos conseguiu terminar 125 Pumas GT.

No alto, à direita: construção quase artesanal do Puma GT nas instalações da Lumimari. Embaixo: a traseira do Puma GT.

Puma GT, dono de beleza tão atemporal
quanto o Malzoni GT que o inspirou.

1966-1967 – O ÚLTIMO ANTES DO FIM

Em 1966, foram feitas apenas mudanças referentes ao desenho, como o novo formato cônico do volante de direção, o aumento das lanternas traseiras pela aplicação de "polainas" em torno da antiga, o aumento da lente do pisca dianteiro e o novo desenho dos bancos numa única cor.

No final de 1966, um novo DKW--Vemag foi anunciado. O carro trazia uma modernizada frente redesenhada e inúmeros aperfeiçoamentos, como quatro faróis bem menores que os dos modelos anteriores, instalados em um conjunto emoldurado por uma base derivada do Fissore em elipse, com pequenos lavores. Toda a largura do carro era tomada pela nova grade feita de delicadas barras horizontais, que era mais simples do que as anteriores e se prolongava abaixo dos novos faróis dianteiros. Os para-choque afilados também eram novos, com o capô acima da linha dos para-lamas ressaltados. As lanternas traseiras ficaram maiores e foram horizontalizadas.

DKW 1966, com novo pisca-pisca dianteiro. Polainas revestiam as lanternas traseiras.

A evolução dos modelos

O sistema elétrico passou de seis para doze volts, com a troca do dínamo pelo alternador. Com a realocação do levantador de vidros da porta traseira, o dispositivo não interferia mais com o encosto do banco dianteiro. O DKW se tornou ainda mais silencioso com o cuidado na forração, que vinham com gomos quadriculados nos bancos. O lavador de para-brisa passou a ser item de série e a entrada de água da chuva não era mais problema com a eficaz impermeabilização. O macaco também passou a ter um local para fixação. Novas opções de cores, em maior número, estavam disponíveis.

Em maio deste ano, o laçamento do Belcar S, equipado com o motor de 60 cv, foi anunciado, tendo como diferenças externas a letra "S" na tampa do porta-malas, logo abaixo do logotipo "Belcar", e a supressão da lente do pisca dianteiro. O mesmo era válido para a Vemaguet S. Outro fato notável foi a melhora na velocidade máxima e na aceleração de 0 a 100 km/h em 25,3 s. Com todas as melhorias, as vendas realmente se animaram um pouco, mas a compra da Vemag pela Volkswagen já era conhecida pelo mercado.

No alto: o DKW 1967, com modificações exclusivas para o Brasil. No centro: a traseira do modelo 1967, com lanternas horizontais. Embaixo: a traseira da Vemaguet, que adotou em 1967 as lanternas traseiras do novo Fissore.

CAPÍTULO 4

NAS PISTAS

COMPETIÇÕES EUROPEIAS

Ainda nos anos 1920, o DKW de 750 cm^3 conquistou vitórias em sua classe, principalmente na Alemanha, mas o carro só veio a se tornar mundialmente conhecido com o Rallye de Monte Carlo, onde obteve treze vitórias e onze segundos lugares em 1934, na temporada de rali europeu. Além disso, foi recordista em sua categoria dezenove vezes.

Em 1954, o DKW venceu a série europeia para corridas de carros de turismo e o ciclo alemão para carros de turismo. Em 1960, os DKWs conseguiram nada menos do que 24 vitórias na Alemanha e na Europa. Em 1961, foram dezessete vitórias em ralis; em 1962, o número subiu para 23. Não havia nenhum carro que pudesse bater o DKW, principalmente nos ralis em circuitos nevados. Essa tradição esportiva era incrementada por centenas de vitórias das motocicletas DKW.

DKW em uma pista de corrida.

CORRIDAS NO BRASIL

O esporte automobilístico brasileiro existe desde os anos 1930, composto principalmente por marcas como Auto Union, Alfa Romeo e Bugatti. A situação econômica do país estava complicada e assim continuou nas décadas seguintes. O Autódromo de Interlagos, inclusive, foi abandonado durante um bom tempo pelas autoridades.

Os DKWs participaram de praticamente todas as categorias de corrida entre 1955 e 1957: Mecânica Nacional, do-

Marinho em seu DKW número 10, à frente de carreteras muito mais potentes.

mínio de verdadeiras rainhas da sucata; Turismo *Carretera*; Grupos de Turismo, ou seja, I, II e III; e o famoso e complicador anexo J do Grupo III. O DKW era um pequeno que vencia gigantes com um motor de apenas três cilindros, dificultando a vida de carros com motor de quatro, seis e oito cilindros, com o dobro, o triplo e o quádruplo de cilindrada. Quando não os vencia, ao menos fazia com que passassem vergonha.

Quanto aos pilotos, nomes como Celso Lara Barberis, Mário César de Camargo Filho, Bird Clemente, Roberto Dal Pont, a família Iwers, Francisco Lameirão, Norman Casari, Eduardo Scuracchio, Flávio Del Mese, Anísio Campos, Expedito Marazzi, Waldomiro Piesky, Eugênio Martins, Claudio Prieto e muitos outros, como o Volante 13, que se mantinha anônimo para que seus pais não soubessem que ele era corredor, fizeram história.

Nas palavras de Marinho: "No final dos anos 1950, a primeira equipe oficial de uma fábrica tornou-se realidade: o DKW-Vemag. Tive o privilégio de ser convidado a integrá-la por ter algum conhecimento do carro, correndo com um modelo alemão F-91 e, posteriormente, com o F-93. Minha estreia aconteceu na Mil Milhas Brasileiras de 1959, quando fiz dupla com meu amigo Eduardo Scuracchio. Três F-94 de quatro portas com pequeno motor de dois tempos de apenas um litro. As possantes carreteras, com incríveis motores com mais de quatro litros. Larguei muito bem, liderando a primeira volta. Não consigo descrever com palavras a emoção que senti quando passei pelo público nos morros e nas arquibancadas, ao me ver na frente de carros bem maiores".

A estreia de Marinho no DKW F-93 alemão aconteceu no Rio de Janeiro em 1958, sob os cuidados do preparador Jorge Lettry, o mago dos motores DKW. Na segunda corrida da qual participou, Marinho e seu DKW deixaram para trás um

Alfa Romeo Giulietta Spider de 1.300 cm^3 e chegou em primeiro lugar. A vitória se repetiu na estância climática de Poços de Caldas, em Minas Gerais, onde o DKW de Marinho desafiou poderosos motores envenenados importados.

Nas Mil Milhas de 1958, Iwers correu ao lado de seu filho Henrique a bordo de DKWs alemães que surpreenderam por aguentar a corrida inteira. A proeza chamou a atenção da concessionária Serva-Ribeiro, que inscreveu os carros para a edição de 1958, tendo Jorge Lettry como preparador.

Primeiro DKW de competição, feito pela concessionária Serva-Ribeiro ainda em 1958.

Na IV Mil Milhas em 1959, os DKWs brasileiros se apresentaram com as duplas Christian Heins e Eugenio Martins, Ciro Cayres e Bird Clemente, Flávio Del Mese e Cláudio Daniel Rodrigues , Mário César de Camargo Filho e Eduardo Scuracchio, e Karl Iwers e seu filho Henrique. O esquadrão de DKWs era completado por três equipes particulares. Como responsáveis pelo preparo dos carros estavam Jorge Lettry e o mecânico Miguel Crispim, que também começavam a fazer história.

A Vemag foi motivada pelos sucessivos exemplos a organizar com Otto Küttner um departamento de competições liderado por Lettry. O departamento de competições ainda não havia sido oficializado, portanto a Serva-Ribeiro resolveu assumir as inscrições. Em abril, o Centauro ficou estimulado pelo sucesso das Mil Milhas e criou outra prova de longa duração: as 24 Horas de Interlagos, ou 24 Horas do Geia, uma prova voltada apenas para carros nacionais que limitava as modificações a faróis auxiliares e eliminação das calotas e para-choques.

Nessa época, o mais experiente piloto de corridas da época, Chico Landi, idealizava a existência de um carro que uma boa quantidade de pessoas pudessem comprar e manter, possibilitando assim o treinamento e a formação de pilotos. Chico sentiu que o Fórmula Júnior poderia ser a resposta para os seus anseios, encontrando pelo menos dois motores nacionais compatíveis com o carro, que se encaixavam no conceito de até 1,1 litro de deslocamento: o Renault e o DKW.

A partir disso, Chico Landi construiu, com a ajuda de seu sócio Ottorino Bianco, dois modelos nas categorias previstas pelas regras da FIA (Fédération Internationale de l´Automobile): o motor Renaul foi usado para a categoria 1.000 cm^3, com peso mínimo de 360 kg, e o motor DKW foi usado para a categoria 1.100 cm^3, cujo peso mínimo era de 400 kg.

De motor traseiro, a carroceria possuía linhas modernas e era construída com chapas de alumínio, que recobriam um chassi tubular de aço molibdênio de apenas 32 kg. A experiência fracassou, pois não atraiu compradores, além de sofrer com a falta de capital para o desenvolvimento.

Em junho de 1961, foi realizada as 24 Horas de Interlagos, uma corrida com a participação de catorze duplas de DKW, embo-

Eugenio Martins e Bird Clemente, sob patrocínio da Serva-Ribeiro.

DKWs na primeira edição das 24 Horas de Interlagos, em 1959.

À esquerda: Norman Casari nas 24 Horas de Interlagos em 1961. À direita: Lettry extraiu 106 cv deste motor.

ra a vitória tenha ficado com um JK. Graças à Lettry, o motor do DKW já tinha mais de 100 cv. A vitória finalmente veio em Piracicaba, uma prova de subida de montanha na qual o DKW de Marinho bateu o recorde de um Ferrari de doze cilindros, sendo superado apenas três anos depois.

Em janeiro de 1962, haviam 27 DKWs inscritos para as 12 Horas de Interlagos, que teve da quarta à sétima posição ocupadas pelos modelos. Em Porto Alegre, uma prova de circuito de rua que ocorreu em maio teve nove DKWs entre os 45 carros inscritos. O terceiro lugar ficou com o DKW da dupla Flávio Del Mese e Luís Schmidt. DKWs também participaram de uma prova na pista da serra de Petrópolis, no Rio de Janeiro, em junho. No mês seguinte, um relatório da Vemag foi publicado pela imprensa com o desempenho dos veículos fabricados pela empresa desde 1959: quarenta vitórias, a maioria em Interlagos. A prova de Araraquara, que aconteceu em agosto, foi vencida por Marinho, mesmo com sua partida do penúltimo pelotão, tornando-se líder após poucas voltas.

Largada da primeira 12 Horas de Interlagos, com Volkswagens e DKWs.

A prova reservada para os Fórmulas Júnior foi facilmente liderada pelo talvez mais completo piloto de então, Christian Heins, que pilotava um Landi com motor Gordini. Quatro provas ocorreram em setembro: duas em Interlagos (Quinhentos Quilômetros de Interlagos e Três Horas de Velocidade), uma no Rio de Janeiro (Seis Horas da Guanabara/RJ) e uma em Porto Alegre/RS (Quinhentos Quilômetros de Porto Alegre), com vitória somente na última.

O ano de 1962 foi fechado pela realização de duas provas no mês de dezembro: as 500 Milhas de Interlagos/SP e o Circuito Cidade de Curitiba/PR. Em Interlagos, o melhor dentre os DKWs ficou com o nono lugar. Em Curitiba, dois DKWs conquistaram a vitória e o segundo lugar. Nessa mesma época, o piloto Marinho foi homenageado em um almoço no Salão Nobre da fábrica pelos diretores da Vemag Lélio de Toledo Piza e Claudio Pereira Fernandes, que também patrocinaram a ida dos pilotos para a Alemanha. A fábrica trouxe o talentoso corredor gaúcho Flávio Del Mese para a equipe e oficializou o departamento de competições.

A marca DKW teve um ano excepcional em 1963, tanto na Europa como no

Bird Clemente à frente de Ignácio Terrana nas Três Horas de Interlagos, em 1962.

Brasil. Na classificação geral, conquistou 27 vitórias e seis segundos lugares; 276 vitórias e 195 segundos lugares na classe; e as equipes de fábrica ganharam seis primeiros prêmios, com participação em dezesseis campeonatos. Esses números não foram igualados por nenhuma outra fábrica.

Em fevereiro, Bird Clemente competiu independentemente nas Doze Horas de Brasilia/DF e conquistou o sexto lugar. Em março, foi realizada a prova Doze Horas de Interlagos, cheia de confusões e apelações, em que o DKW de Marinho, apesar da vantagem no tempo, não foi declarado vencedor. Apesar desse ponto, a DKW veiculou publicidade sobre o feito. Para compensar, o DKW conquistou na prova Doze Horas de Porto Alegre/RS em junho, com as duas primeiras posições.

A prova em circuito de rua em Araraquara/SP, em agosto, novamente teve um DKW no pódio, pilotado por Marinho. Ele e Bird Clemente foram eleitos os melhores pilotos em suas categorias pela revista *Quatro Rodas*, em outubro. No mês seguinte, Bird Clemente despediu-se da Vemag, mas antes bateu mais uma vez o recorde da volta e virou em 4 min 8 s, com média de mais de 112 km/h na prova 1600 Quilômetros de Interlagos/

No centro: Anísio Campos e Cacaio nas 500 Milhas de Interlagos, em 1962. À direita: Pôster-propaganda do automobilismo nacional.

do a DKW tantas vezes que a direção da Vemag se sentiu incomodada e começou a cogitar o encerramento do departamento de competições.

A DKW começou a receber aquilo que esperava na prova Circuito da Cidade Universitária de Recife/PE, em maio, após muita expectativa em torno do ídolo local Gegê Bandeira, que usava um modelo com motor e câmbio preparados por Jorge Lettry. O terceiro, quarto, quinto e sexto lugares foram conquistados por DKWs. Na prova de rua IV Centenário da Cidade do Rio de Janeiro, Marinho fez sua melhor volta em 1 min 20 s e 6 décimos e continuou forte até o superaquecimento do três-cilindros.

Em agosto, um acontecimento que não era visto havia tempos se concretizou. Três DKWs competiram com dezoito carros: berlinetas, Gordinis com

DKW de Bird dispara, imperturbável, enquanto o pronunciado sobresterço dos Renaults obriga-os a cruzar a pista e tangenciar a curva por dentro.

SP. O ano ainda terminou com mais uma vitória para o DKW na prova Subida de Montanha em Furnas, no Rio de Janeiro, em dezembro.

Com as Berlinetas Willys fora do Circuito Cidade de Torres, em janeiro de 1964, a Vemag ficou contente e passou a acreditar que teria alguma chance. Suas esperanças se tornaram ainda maiores com o surgimento de um carro tipo berlineta em fibra de vidro equipado com motor central que havia sido fabricado por Rino Malzoni. A Willys já havia derrota-

Roberto Dal Pont a bordo de um DKW nos Mil Quilômetros de Interlagos.

Vinhais em um modelo DKW.

motor de Renault R8, carretera Simca, protótipo Simca-Maserati, as carreteras mais rápidas do Brasil equipadas com motor Corvette, e até um surpreendente Renault rabo-quente com mecânica Interlagos. O competente e arrojado piloto Dal Pont e seu parceiro Scuracchio foram os "mocinhos" da história. Na largada, apenas Dal Pont não conseguiu dar a partida, usando um modelo com motor e câmbio emprestados pela fábrica, hábito de uma Vemag *escabriada* já havia meses. O lanterninha saiu sob risos após um mecânico fiel resolver o problema. Scuracchio ao menos rivalizou o piloto principal. No fim, os três DKWs aguentaram, o sedã de Dal Pont e Scuracchio e um interessante protótipo de Nilo de Barros Vinhaes e Eduardo Celidônio.

No circuito de rua em Piracicaba/SP, em agosto, a sorte sorriu para Marinho, que conquistou uma vitória sobre um Porsche 1,6 litros após ultrapassá-lo em um circuito quase impossível de fazer tal manobra. Na prova 100 Milhas da Guanabara – Barra da Tijuca, no Rio de Janeiro, o ainda em

Estreia do Malzoni II de metal nas 100 Milhas de Guanabara.

Mickey Mouse, com duas portas e lanterna traseira no teto.

desenvolvimento Malzoni II fez sua estreia, mas acabou sofrendo uma quebra apesar da boa apresentação. Competiu no mesmo local em outrubro, na prova Quinhentos Quilômetros, e obteve o terceiro lugar ao ser pilotada por Marinho.

A revista *Quatro Rodas* novamente deu a Marinho o prêmio Victor, graças às suas vitórias com o Fórmula Junior. O piloto conquistou mais uma vitória em 10 de dezembro na Prova Simón Bolívar em Interlagos. No mesmo mês, conquistou ainda seu primeiro título internacional no Uruguai, com a ajuda de Lettry, em uma corrida curta com curvas fechadas. O ano terminou assim com trinta vitórias para a Vemag na classe.

Em 1965, a equipe Vemag realizou uma carreterização radical de seus veículos, rebaixando o teto e carenando os faróis, o

Marinho (quinto, da esquerda para a direita) e Rino Malzoni (sétimo) comemoram a vitória na prova Simón Bolívar, em 1964.

A carretera Mickey Mouse, comparada com o Belcar.

que acabou criando um cupezinho com entre-eixos 35 cm mais curto, replicando habilmente as lanternas traseiras no teto e instalando o motor do mago Lettry. A carretera foi apelidada de "Mickey Mouse", que estreou em março, no Circuito da Cidade Universitária em Recife/PE. O evento também teve a estreia do DKW Malzoni, que bateu o recorde da volta na pista, mas infelizmente acabou qebrando antes do término da corrida.

Na Barra da Tijuca/RJ, a equipe Vemag enfrentou forte desafio na disputa com o Alpine A-110 de Wilson Fittipaldi Junior. Abarth, Alpine e Alfa Zagato apresentaram a mesma dificuldade para o DKW em Interlagos/SP.

Na cidade de Piracicaba/SP, em setembro, a família DKW-Malzoni (Malzoni IV) passou a ser acompanhada de mais dois protótipos, que fizeram a DKW viver

Malzoni III nas pistas.

Equipe 1965 da Vemag, da esquerda para a direita: Marinho, Dal Pont, Lameirão, Anísio Campos e Scuracchio.

novas alegrias. Os 355 km de circuito na Rodovia do Café, entre Curitiba e Apucarana, no Paraná, foram palco de uma das corridas mais importantes da história do automobilismo brasileiro, feita sob chuva, com a chegada de Marinho em terceiro lugar, pilotando um Malzoni. O piloto ainda chegou em segundo no GP IV Centenário, disputado no Rio de Janeiro.

Cenas protagonizadas pelos cavalheiros Marinho, Luisinho Pereira Bueno e Piero Gancia foram muito bonitas de se ver. O duelo entre Marinho e Luís Pereira Bueno, a bordo de um Alpine, foi excepcional. As coisas pareciam estar tendendo a melhorar com a saída dos Abarths definitivamente das competições em 1966, mas os competidores eram mais eficientes e a Vemag se interessava cada vez menos por corridas, apoiando apenas alguns particulares. A equipe oficial da Vemag foi definitivamente encerrada quando os cartolas aplicaram uma suspensão internacional pela participação — como a Willys — nas 24 Horas, depois de uma proibição do Automóvel Clube de São Paulo (não

À esquerda: Marinho no Malzoni, em 1965, no Rio de Janeiro. À direita: Marinho vencendo em Piracicaba, em 1966.

confundir com o Estadual), teleguiado da ACB. Um dos Malzonis passou a ser do sócio da Lumimari, Luís Roberto Costa.

Após o fim, Anísio Campos foi para a Simca e Marinho vendeu sua parte na famosa oficina da avenida Santo Amaro. Piero Taruffi, grande campeão italiano das Mil Milhas que depois abriu uma famosa escola de pilotagem, viera ao Brasil a convite da revista *Quatro Rodas* e afirmou que Marinho era o melhor piloto de DKW que ele já havia visto, após examinar ao vivo todos os pilotos da época em aulas práticas. Em Piracicaba/SP ocorreu a última temporada da equipe, nas Mil Milhas de 1966, com um esplêndido desempenho dos DKWs, com destaque para o estreante Jan Balder, apesar dos Volkswagen e Karmann-Ghia equipados com motor Porsche.

VEMAG

CAPÍTULO 5

DADOS TÉCNICOS

FICHA TÉCNICA

A ficha técnica a seguir pertence ao modelo 1958, mas muitos de seus dados permaneceram válidos até o último modelo fabricado. Pequenas mudanças nos modelos posteriores estão especificadas ao longo do texto, referente a cada período no capítulo "A evolução dos modelos".

MOTOR

Dianteiro: três cilindros em linha.
Diâmetro: 71 mm, curso: 76 mm, cilindrada total: 896 cm^3.
Potência: 40 cv a 4.250 rpm, taxa de compressão: 7.25 : 1.

Lubrificação
Obrigatória, com o óleo misturado à gasolina.

Arrefecimento
Por termossifão sem bomba d'água. A tampa do radiador possuía duas válvulas que atuavam respectivamente na sobrepressão e no vácuo. O ventilador de nylon e um convergedor auxiliavam o arrefecimento do radiador.

Alimentação
Apresentava um tanque de gasolina que possuía misturador automático, bomba de gasolina do tipo mecânico e filtro de gasolina de cerâmica.

Filtro de ar
ALD-206 em banho de óleo.

Ignição
Por bateria, com bobinas, platinados e condensadores individuais para cada um dos cilindros. Ordem de explosão: 1-2-3.

Sistema elétrico
6 volts.

Carburador
Solex invertido 40 ICB.

TRANSMISSÃO

Tração
Nas rodas dianteiras.

Embreagem
A seco, de disco simples.

Caixa de câmbio
Quatro velocidades para frente, sendo a 2ª, a 3ª e a 4ª sincronizadas, e marcha a ré.
Redução das marchas:
1ª 3,82:1 – 2ª 2,22:1 – 3ª 1,31:1 –
4ª 0,913:1 – ré 4,58:1.

Diferencial
Dianteiro com redução 4.72:1.

Roda-livre
Desengatável.

CHASSI

Tipo de perfis, caixa fechada.

Suspensão dianteira
Mola transversal (superior), direção de três pontos (inferior), dois amortecedores telescópicos de ação dupla.

Suspensão traseira
Eixo flutuante do tipo Auto Union, mola transversal (superior), dois amortecedores de ação dupla.

Freios
Hidráulicos com tambores de 9" nas quatro rodas.

Freio de estacionamento
Mecânico, acionado por cabo, nas rodas traseiras.

Direção
Pinhão e cremalheira.

CAPACIDADES

Tanque de combustível: 45 litros, sendo 10 litros reserva.
Óleo na transmissão (total): 2,5 litros.
Radiador: 8,5 litros.

Tabela de Produção

ANOS	1957	1958	1959	1960	1961	1962	1963	1964	1965	1966	1967
Dkw Belcar	0	2.189	1.773	3.097	4.642	7.123	7.541	6.291	5.519	6.980	6.007
Fissore	0	0	0	0	0	0	0	624	857	631	337
Pracinha	0	0	0	0	0	0	0	0	4.938	1.812	0
Vemaguet	1.166	1.642	2.524	4.446	4.695	7.806	6.267	4.975	3.847	5.392	5.009
Caiçara	0	0	0	0	0	0	260	814	99	0	0
Candango	1.174	1.968	2.481	1.582	615	20	0	0	0	0	

Fonte: CEDOC / ANFAVEA

Tabela de Vendas

ANOS	1957	1958	1959	1960	1961	1962	1963	1964	1965	1966	1967
Dkw Belcar	0	2.079	1.771	2.981	4.218	7.097	7.322	6.537	5.518	6.923	5.985
Fissore	0	0	0	0	0	0	0	621	859	627	371
Pracinha	0	0	0	0	0	0	0	0	0	0	0
Vemaguet	1.164	1.580	2.520	3.406	4.554	5.886	5.891	5.049	3.870	5.292	4.993
Caiçara	0	0	0	0	34	1.919	659	717	4.943	1.798	80
Candango	0	1.073	1.962	2.643	2.049	212	20	0	0	0	0
TOTAL	**1.164**	**4.732**	**6.253**	**9.030**	**10.855**	**15.114**	**13.895**	**12.924**	**15.190**	**14.640**	**11.429**

Fonte: CEDOC / ANFAVEA

1962, Salão do Automóvel de São Paulo, Ibirapuera. O DKW começa a ocupar um nicho no mercado: o de táxis.

FONTES DE CONSULTA

ARDAGH, J. (1991). *Germany and the Germans*. Londres: Penguin Bools.

AYÇOBERRY, P. (2001). *The Social Story of the Third Reich*. Nova Iorque: New Press.

BALDWIN, N. et al. *The World Guide to Automobile*. Londres: Mc Donald & Co. 1987.

BASBAUM, L. (1968). *História Sincera da República*. São Paulo: Alfa-Omega: 1976.

BRACHER, K.D. (1969). *The German Dictatorship*. Londres: Penguin Books, 1991.

CAMPOS, R.O. (1994). *Lanterna de Popa*. São Paulo: Topbooks.

CIVITA, V., editor.(1974). *Enciclopédia do Automóvel*. São Paulo: Abril Cultural e Industrial.

D'ARAUJO, C. et al. (1994). *Visões do golpe e memória militar*. São Paulo: Ediouro.

FREI, N. (2002). *Adenauer's Germany and the Nazi Past: the Politics of Amnesty and Integration*. Nova Iorque: Columbia University Press.

GEORGANO, N. (2002) *The Beaulieu Encyclopedia of the Automobile*. Londre: The Stationery Office.

HILDEBRANDT, R. (2002).*German Post-War History*. Berlim: Verlaghaus at Checkpoint Charlie.

___________. (2002). *Er Geshah an der Mauer*. Berlim: Verlaghaus at Checkpoint Charlie.

KIRSCHBERG, P. et al. (1997). *Tempi di Mobilitá. Ingolstadt (Geinerschen)*: Audi AG: e Fruckerei.

KURZE, Peter (2005). *DKW Meisterklasse-Ein Wagen fur die ganze Welt*: Gernany: Delius Klasing.

LOGOZ, A (1965). *Auto Universum*. Zurique: International Auto Parade.

MARAZZI, E. (1963-1967. *Teste do DKW 1965, 1966, 1967*. In Quatro Rodas. São Paulo: Editora Abril.

RAUSCH, S. (1981). *DKW: die Geschichte einer Weltmarke*. Stuttgart: Motorbuch Verlag.

SALLES, M. (1961-2). *Sirena de São Paulo. In Mecânica Popular*. Rio de Janeiro: Efecê editora.

_______________. *Teste do DKW e do Candango*. In Mecânica Popular. Rio de Janeiro: Efecê editora.

SANDLER, P.C. (1963-2003). Artigos na Folhinha de São Paulo, Antigomobilismo Magazine, Autos Antigos, Collector's, Oficina Mecânica.

SCHIRER,W. (1961) *The Rise and Fall of the Third Reich*. Nova Iorque.

SILVA, H. (1975). 1964: *Golpe ou contra-golpe?* Rio de Janeiro: Editora Civilização Brasileira.

TECHNIK, Vorsprung durch (1990). *A History of Progress*. Alemanha. Audi.

WALTER, Martin (2006). *Adolf Rosenberger - der großartige Rennfahrer mit dem tragischen Schicksal*. Dados ainda não publicados, cedidos gentilmente pelo autor.

REVISTAS

Autoesporte, 1965-67.

Auto-Katalog, 1963.

Auto-Magazine, anuários 1950-1953.

Auto Motor und Sport, 1962-1965.

Automobile Quarterly.

DKW Magazin, 1950-1957.

Mecanica Popular, 1950-1959.

Mecânica Popular, 1960-62.

Mecanix Illustrated, 1950-1953.

Popular Mechanics, 1950-1959.

Quatro Rodas, 1960-1967.

Quattro Ruote, 1958-1960.

Revista de Automóveis (Rio de Janeiro), 1952-1957.

Throughbred and Classic Cars, 1975-1980.

Velocidade, (Sào Paulo), 1958.

CRÉDITO DAS IMAGENS

Abreviações: a = acima; b = embaixo; c = no centro; d = à direita; e = à esquerda.
Na falta de especificações, todas as fotos da página vieram da mesma fonte.

Páginas 7, 15, 17, 18, 20, 21a, 28a, 33, 41, 42, 47b, 50-1, 57: arquivo do autor.
Páginas 4-5, 6, 8, 9, 10, 11, 12, 14, 16, 19, 21b, 22, 23, 24, 25, 26, 27, 28b, 29, 30, 31, 32, 38, 44-5, 82, 84-5: Audi A. G. (Ingolstadt).
Páginas 76a, 83, 92-3, 94, 95a: Auto Union DKW Clube do Brasil.
Páginas 39d, 47a, 48d, 55be, 71: Cedoc/Anfavea.
Páginas 34-5, 46, 63a, 72-3, 74b, 87b, 98-9, 103: Flávio Gomes.
Página 37, 39e, 40, 43, 75, 87ad: Jorge Lettry.
Páginas 90b, 91a, 96: Roberto Dal Pont.
Páginas 52, 88-9: Anísio Campos.
Páginas 48e, 49, 53, 54, 55a, 55bd, 56, 58-9, 60, 61, 62, 63b, 64-5, 66, 67, 68-9, 70, 74a, 76b, 77, 78, 79, 89d: Rogério de Simone.
Página 36: Sérgio Eduardo Fontana.
Páginas 50, 91b, 95b, 97: Revista Autoesporte, Editora Globo.
Páginas 86, 87ae, 88e, 90a: Autódromo de Interlagos, de Paulo Scali.

Conheça os outros títulos da série:

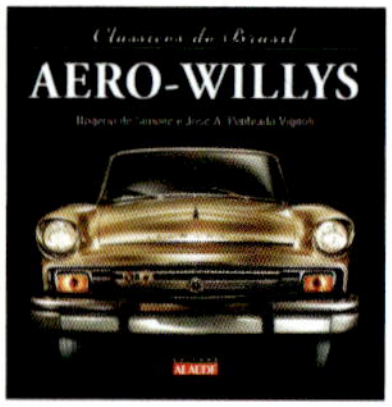

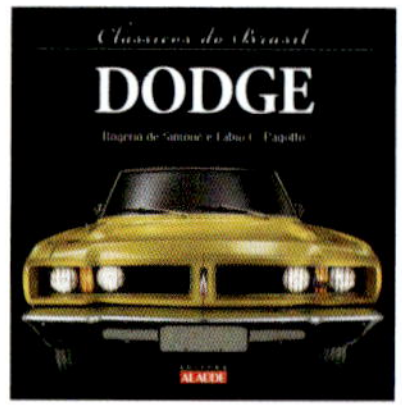

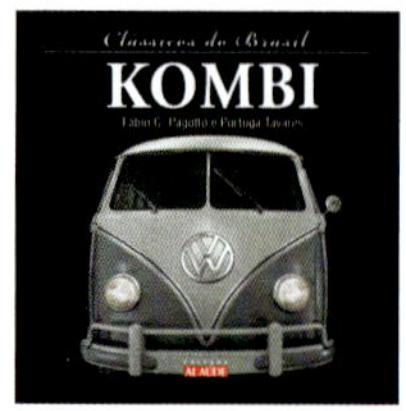

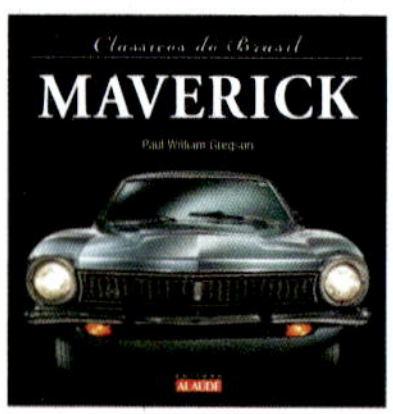